STEUERHINTERZIEHUNG

Risken vorhersehen – vermeiden – bewältigen

von

Dr. Roman Leitner
Dr. Wolfgang Moringer

VORMALS VERLAG DER K.U.K.
HOF- UND STAATSDRUCKEREY

Wien 2007

Zitiervorschlag: *Leitner/Moringer,* Steuerhinterziehung, [Seite]

Bibliografische Information Der Deutschen Bibliothek.
Die Deutsche Bibliothek verzeichnet diese Publikation in der Deutschen Nationalbibliografie; detaillierte bibliografische Daten sind im Internet über **http://ddb.de** abrufbar.

Alle Rechte vorbehalten.

Alle Angaben in diesem Fachbuch erfolgen
trotz sorgfältiger Bearbeitung ohne Gewähr. Eine Haftung der Autoren
oder des Verlages ist ausgeschlossen.

ISBN 978-3-7046-4916-4

© Verlag Österreich GmbH, 2007
1070 Wien, Kandlgasse 21
Tel.: +43-1-610 77-0, Fax: +43-1-610 77-502
e-mail: order@verlagoesterreich.at
http://www.verlagoesterreich.at
Umbruch: b+R Satzstudio, Graz

VORWORT

Die einschlägigen Fachpublikationen zum Steuerstrafrecht richteten sich durchwegs an die Rechtsanwender, dh an spezialisierte Steuer- und Strafrechtsexperten.

Auch die Spezialisten kämpfen mit dieser interdisziplinären Materie. Gefragt ist nicht nur solides Verständnis des Steuerrechtes, sondern auch des Strafrechts, einschließlich der Besonderheiten des Steuerstrafrechtes mit seinen prozessrechtlichen Eigenheiten im verwaltungsbehördlichen und gerichtlichen Verfahren.

Alle diese Aspekte können kaum von einem Experten, gleich ob Steuerberater oder Anwalt, in gleicher Weise perfekt beherrscht werden. Es handelt sich um eine Materie, die jedenfalls in anspruchsvollen Fällen eine Kooperation der Steuerrechtler und Strafrechtler unentbehrlich macht.

Die ständig zunehmende Komplexität des Steuerrechts, gekoppelt mit einer permanenten Verschärfung des Steuerstrafrechts, haben für Unternehmer und Führungskräfte der Wirtschaft ein bedrohliches Minenfeld entstehen lassen. Unabhängig von deren konkreter Ausbildung, ist ein gewisses Grundverständnis dieser Materie bei Unternehmern/Geschäftsführern unentbehrlich.

Führungskräfte haben meist unter großem Zeitdruck vielfältige steuerstrafrechtliche Risikoeinschätzungen zu treffen: Besteht im konkreten Fall ein steuerstrafrechtliches Risiko? Wie kann dieses quantifiziert werden? Wie hoch ist die Aufdeckungswahrscheinlichkeit? Kann das Risiko noch im Vorfeld entschärft werden? Zu welchem Zeitpunkt soll ein einschlägiger Spezialist eingeschaltet werden? Mit welchen Kosten ist das verbunden? Welche Taktik empfiehlt sich in der jeweiligen Verfahrenssituation?

Das vorliegende Werk versucht eine Lücke zu schließen und richtet sich in erster Linie an Unternehmer und Führungskräfte der Wirtschaft. Wir haben versucht, diese schwierige interdisziplinäre Materie einfach, klar und verständlich darzustellen; auf Literatur- und Judikaturhinweise wurde verzichtet. In einem eigenen Abschnitt mit Fallbeispielen und Lö-

Vorwort

sungen werden Probleme der Praxis anschaulich dargestellt. Dieser Fallteil ist weitgehend mit den erklärenden Ausführungen vernetzt, um dem Leser anhand vereinfachter Gesetzesinhalte die Praxisrelevanz unmittelbar vor Augen zu führen.

Wir hoffen damit die Effizienz der möglichen Aneignung der Materie nicht nur erhöht, sondern auch mit einem Aspekt der Kurzweil verbunden zu haben.

Wir haben versucht, auch „heiße Eisen" anzupacken, die regelmäßig in einschlägigen Kommentaren nicht zu finden sind. In einem eigenen Abschnitt werden Taktikaspekte im Steuerstrafverfahren behandelt.

Dem Unternehmer/Geschäftsführer soll einerseits eine kompakte Grundinformation geboten werden, um sich vorbeugend das entsprechende Risikobewusstsein aneignen zu können, andererseits soll ihm auch ermöglicht werden, in einer heiklen Situation rasch und direkt, ohne langwieriges, unzumutbares Gesetzesstudium eine Grobeinschätzung der Risiken vornehmen zu können. Diese Möglichkeit hilft in belastenden Situationen des „Verfolgtwerdens" das oft auftretende Gefühl der Ohnmacht und des „Ausgeliefertseins" zu reduzieren.

Dem Unternehmer/Geschäftsführer sollen durch unsere Arbeit auch Grundlagen für einen professionellen Umgang mit den beizuziehenden Beratern vermittelt werden.

Die Finanzstrafgesetznovelle 2007 (Anpassung des Finanzstrafgesetzes an die Strafprozessordnung-NEU), die mit 1. Jänner 2008 in Kraft tritt, wurde bereits zugrundelegt.

In der Hoffnung nicht nur einen informativen, sondern spannenden und hoffentlich strafverfahrenvorbeugenden und -vermeidenden Lesestoff geschaffen zu haben verbleiben

Roman Leitner   *Wolfgang Moringer*

INHALTSVERZEICHNIS

Vorwort 3
Abkürzungsverzeichnis 13

A FINANZSTRAFRECHTLICHE GRUNDLAGEN 15
I Steuerhinterziehung im Überblick 17
   1 Der Begriff der Steuerhinterziehung 17
   2 Abgabenrechtliche Pflichten und Risken aus Pflichtverletzung 18
      2.1 Besondere abgabenrechtliche Pflichten 20
          2.1.1 Umsatzsteuervorauszahlungshinterziehung 20
          2.1.2 Lohnsteuerhinterziehung 21
   3 Das drohende Risikoszenario 21
   4 Das finanzstrafrechtliche Delikt 25
      4.1 Verbrechensaufbau/Fallprüfungsschema bei (vollendeter) Steuerhinterziehung 25
      4.2 Spezifische Einzelaspekte 28
          4.2.1 Strafrechtliche Haftung für Tun und Unterlassen . 28
          4.2.2 Abgabenhinterziehung – sachlicher Geltungsbereich 28
          4.2.3 Abgabenhinterziehung – örtlicher Geltungsbereich 29
          4.2.4 Abgabenhinterziehung – zeitlicher Geltungsbereich 29
          4.2.5 Subjektive Anforderungen 30
          4.2.6 Steuerhinterziehung und Irrtum 30
          4.2.7 Vorbereitung/Versuch/Vollendung der Abgabenhinterziehung 31
          4.2.8 Beteiligung an Steuerhinterziehung 32
          4.2.9 Mangelnde Strafwürdigkeit 32
          4.2.10 Steuerhinterziehung und Strafaufhebung 33
                4.2.10.1 Strafaufhebung durch Selbstanzeige ... 33
                4.2.10.2 Verjährung der Strafbarkeit 33
          4.2.11 Zusammentreffen strafbarer Handlungen 34

        4.2.11.1 Zusammentreffen mehrerer Steuerhinterziehungen 34
        4.2.11.2 Zusammentreffen von Steuerhinterziehung mit anderen strafbaren Handlungen 35
    4.2.12 Strafbarkeit von Unternehmen für Steuerhinterziehung 35
5 Grundzüge des Finanzstrafverfahrens und die Perspektive des Betroffenen 36
  5.1 Begriffe/Vorbemerkungen 36
  5.2 Anlässe für Finanzstrafverfahren 37
  5.3 Zuständigkeit im Finanzstrafverfahren 39
    5.3.1 Gerichtliche Zuständigkeit 39
    5.3.2 Verwaltungsbehördliche Zuständigkeit 39
  5.4 Verwaltungsbehördliches/gerichtliches Ermittlungsverfahren 40
    5.4.1 Ermittlungsverfahren im verwaltungsbehördlichen Finanzstrafverfahren 40
    5.4.2 Beweismittel bei Vorerhebungen der Finanzstrafbehörde 43
    5.4.3 Ermittlungsverfahren im gerichtlichen Finanzstrafverfahren 46
    5.4.4 Beweismittel im gerichtlichen Ermittlungsverfahren 49
    5.4.5 Zwangsmittel 49
        5.4.5.1 Zwangsmittel im verwaltungsbehördlichen Finanzstrafverfahren 49
        5.4.5.2 Zwangsmittel im gerichtlichen Finanzstrafverfahren 51
    5.4.6 Verwaltungsbehördliches/gerichtliches Erkenntnisverfahren 52
        5.4.6.1 Mündliche Verhandlung im finanzbehördlichen Finanzstrafverfahren .. 52
        5.4.6.2 Hauptverhandlung im gerichtlichen Finanzstrafverfahren 53
  5.5 Rechtsmittelverfahren 56
    5.5.1 Rechtsmittel im verwaltungsbehördlichen Finanzstrafverfahren 56
    5.5.2 Rechtsmittel im gerichtlichen Finanzstrafverfahren 57
  5.6 Exkurs: Verwaltungsbehördliches/gerichtliches Finanzstrafverfahren gegen Verbände. 59
  5.7 Exkurs: Verhalten bei Hausdurchsuchungen 60

II Verteidigung in der Praxis – Strategie und Taktik 65
1 Risikovorsorge 65
2 Qualifiziertes Risikobewusstsein für Führungskräfte 66
3 Risikovorsorge – Strategien im Einzelnen 66
   3.1 Offenes Visier 66
   3.2 Einholung von steuerlichen Auskünften/Gutachten 67
   3.3 Dokumentierte, nachvollziehbare und wirksame Kontrollsysteme 69
   3.4 Professionelle Abwicklung von Betriebsprüfungen 70
4 Rechtzeitige Wahrnehmung und Lokalisierung von Risiken .. 72
   4.1 Nicht voraussehbare Risiken 72
   4.2 Voraussehbare Risiken 72
   4.3 Denunziation oder transparente Führung 73
5 Umkehr.. 73
   5.1 Der Zwang zur Fortsetzung 73
   5.2 Grundstrategien zu Durchbrechung des Fortsetzungszwanges 73
6 Risikobewältigung 75
   6.1 Wann wird welcher Spezialist benötigt? 75
   6.2 Beraterauswahl/Honorar 76
   6.3 Taktik: Kooperation oder Konfrontation? 76
   6.4 Beschleunigung oder Verzögerung? 79
7 Pro und Contra Deal 79
8 Interventionen 81
9 Koordination der Verteidigung 82
10 Bewahrung der Unbescholtenheit 82

B FALLGESTALTUNGEN DER PRAXIS 89
I Abgabenhinterziehung – Fallgruppen nach der Struktur des Finanzstrafrechts 91
1 Verkürzung durch aktives Tun 91
   1.1 Abgabe einer unrichtigen Jahressteuererklärung 91
   1.2 Verspätete Abgabe einer Jahressteuererklärung 91
2 Abgabenverkürzung durch Unterlassen 92
   2.1 Nichtabgabe einer Jahressteuererklärung 92
      2.1.1 Steuerlich erfasster Abgabepflichtiger 92
      2.1.2 Steuerlich nicht erfasster Abgabepflichtiger 93
   2.2 Gleichwertigkeit des Unterlassens mit der Begehung durch Tun im Hinblick auf den Unwertgehalt 94

2.3 Unterlassung der Berichtigungsanzeige 94
    2.3.1 Berichtigungspflicht des Vorsatztäters 94
    2.3.2 Berichtigungspflicht des Fahrlässigkeitstäters 95
    2.3.3 Berichtigungspflicht bei Erkennen vor Ergehen des Bescheides 95
    2.3.4 Berichtigungspflicht bei unrichtigem Steuerbescheid trotz rechtmäßiger Steuererklärung 96
    2.3.5 Berichtigungspflicht des Neugeschäftsführers 97
3 Herbeiführen einer Abgabenverkürzung 97
  3.1 Bloße Verletzung der Verpflichtung zur Abgabe der Steuererklärung 97
  3.2 Bloße Nichtentrichtung von Abgaben 98
  3.3 Erwirken einer Stundung durch Täuschung 98
  3.4 Hinterziehung durch erschlichene Nachsicht 98
4 Verletzung einer abgabenrechtlichen Anzeige-, Offenlegungs- oder Wahrheitspflicht 99
5 Abgabenverkürzung und sachlicher Anwendungsbereich 99
  5.1 Unterlassung der Gebührenanzeige 99
  5.2 Nichtabfuhr Kommunalsteuer 100
6 Täter der Abgabenverkürzung 100
  6.1 Die offenlegungspflichtige Person 100
  6.2 Die für die juristische Person zur Offenlegung Verpflichteten 101
  6.3 Die juristische Person (das Unternehmen) als Verantwortlicher 101
7 Abgabenhinterziehung – örtlicher Geltungsbereich 101
  7.1 Verkürzung durch einen Ausländer 101
  7.2 Hinterziehung durch einen Ausländer mit Nebenwohnsitz im Inland 102
  7.3 Auslieferung aus und nach Österreich wegen Abgabenhinterziehung 102
    7.3.1 Auslieferung nach Österreich (Ausländer) 102
    7.3.2 Auslieferung von Österreich (Inländer) 103
    7.3.3 Auslieferung von Österreich (Ausländer) 103
8 Abgabenhinterziehung – zeitlicher Geltungsbereich 104
  8.1 Rückwirkungsverbot für Strafgesetze 104
  8.2 Günstigkeitsvergleich für Strafgesetze 104
  8.3 Kein Günstigkeitsvergleich für außerstrafrechtliche Ausfüllungsnormen (Steuergesetze) 105
9 Abgabenverkürzung – Vorsatz 105

- 9.1 Vorsätzliche Verkürzung 105
- 9.2 Vorsätzliche Verletzung einer Offenlegungspflicht 106
- 9.3 Zeitpunkt des Vorsatzes 106
- 9.4 Vorsatz und Höhe der Verkürzung 107
- 9.5 Vorsatz – Abgrenzung zur Fahrlässigkeit 107
- 10 Vorbereitung/Versuch/Vollendung der Abgabenhinterziehung . 108
  - 10.1 Unvollständiges Führen der Bücher und Aufzeichnungen 108
  - 10.2 Versuchte Abgabenhinterziehung 109
  - 10.3 Vorsätzliche Unterlassung der Betriebseröffnungsanzeige 109
  - 10.4 Vollendung der Abgabenhinterziehung 109
- 11 Beteiligung an Abgabenhinterziehung 110
  - 11.1 Vorsätzliche Beteiligung an vorsätzlicher Tat/Beitragstäter 110
  - 11.2 Vorsätzliche Beteiligung an vorsätzlicher Tat/
Bestimmungstäter 110
  - 11.3 Fahrlässige Beteiligung an vorsätzlicher Tat 111
  - 11.4 Beteiligung nur bis zur Vollendung der Tat/Abgrenzung
zur Begünstigung 111
  - 11.5 Psychische Beteiligung 112
  - 11.6 Beteiligung durch Gefälligkeiten 112
  - 11.7 Aufforderung zu einer Leistung ohne Rechnung
(„Pfuschabrede") 113
- 12 Irrtum und Abgabenverkürzung 113
  - 12.1 Verschuldeter/unverschuldeter Irrtum 113
  - 12.2 Glaubwürdigkeit des Irrtums/Schutzbehauptung 114
- 13 Entschuldigender Notstand 114
- 14 Strafunwürdigkeit von Bagatellverkürzungen
(mangelnde Strafwürdigkeit der Tat) 115
  - 14.1 Niedrige Höhe als Bagatelle 115
  - 14.2 Strafunwürdigkeit wegen bloßer Verzögerung der
Abgabenentrichtung 115
  - 14.3 Bloße Ordnungsverstöße als Bagatelle 116
- 15 Strafaufhebung durch Selbstanzeige 116
  - 15.1 Selbstanzeige durch berichtigte Steuererklärung 116
  - 15.2 Strafaufhebung nur für diejenigen, für die sie erstattet
wurde 117
  - 15.3 Teilwirkung 117
  - 15.4 Entrichtung entsprechend den Abgabenvorschriften ... 117
  - 15.5 Selbstanzeige und Zahlungserleichterungen,
Teilwirkung 118
  - 15.6 Selbstanzeige an die richtige Behörde 118

Inhaltsverzeichnis

15.7 Rechtzeitigkeit der Selbstanzeige/
 Verfolgungshandlungen 119
15.8 Rechtzeitigkeit der Selbstanzeige/Reichweite von
 Verfolgungshandlungen 119
15.9 Rechtzeitigkeit der Selbstanzeige/Verfolgungshandlung
 gegen Beteiligte 120
15.10 Rechtzeitigkeit der Selbstanzeige/Tatentdeckung
 und Medienberichte 120
15.11 Rechtzeitigkeit der Selbstanzeige/Tatentdeckung
 durch andere Behörden/Gerichte 121
15.12 Rechtzeitigkeit der Selbstanzeige/Außenprüfung 1 122
15.13 Rechtzeitigkeit der Selbstanzeige/Außenprüfung 2 122
15.14 Selbstanzeige/Verjährung 122
16 Strafaufhebung durch Verjährung 123
 16.1 Strafbarkeitsverjährung und steuerrechtliche
 Bemessungsverjährung 123
17 Zusammentreffen von mehreren Hinterziehungen 124
 17.1 Zusammenrechnung für Zwecke der
 Strafrahmenbildung 124
 17.2 Zusammenrechnung für Zwecke der
 Zuständigkeitsermittlung 124
18 Zusammentreffen von Abgabenhinterziehung mit anderen
 Straftaten 125
 18.1 Betrug 125
 18.2 Betrug des Nichtunternehmers 125
 18.3 Betrug außerhalb des Geltungsbereiches des FinStrG .. 125
 18.4 Untreue 126
 18.5 Bilanzdelikte 126
 18.6 Urkundenfälschung (präzise: Beweismittelfälschung) .. 127
 18.7 Betrügerische Krida 127
19 Abgabenhinterziehung und Strafbemessung 127
 19.1. Strafbemessung bei Zuständigkeit des Einzelbeamten .. 127
 19.2 Strafbemessung bei Zuständigkeit des Spruchsenats ... 128
 19.3 Strafbemessung bei gerichtlicher Zuständigkeit 128
20 Verantwortlichkeit des Unternehmens für
 Abgabenhinterziehungen 129
 20.1 Straftat des Entscheidungsträgers 129
 20.2 Straftat des Mitarbeiters 130
21 Gewerbsmäßige Abgabenhinterziehung 130
 21.1 Gewerbsmäßigkeit 130

21.2 Gewerbsmäßige Abgabenhinterziehung als Vortat der
     Geldwäscherei 131
21.3 Gewerbsmäßige Abgabenhinterziehung und qualifizierte
     Fahndungsmethoden (Telefonüberwachung,
     Rasterfahndung, Lauschangriff) 132
22 Abgabenhinterziehung/verfahrensrechtliche Aspekte 132
   22.1 Abgabenhinterziehung und Zuständigkeit 132
        22.1.1 Finanzbehördliche Zuständigkeit des
               Einzelbeamten 132
        22.1.2 Zuständigkeit des Spruchsenates 132
        22.1.3 Zuständigkeit des Gerichts (Schöffengericht) ... 132
        22.1.4 Ausnahmsweise Gerichtszuständigkeit für
               Fahrlässigkeitsdelikte 132
        22.1.5 Gerichtszuständigkeit für Tatbeteiligte 133
   22.2 Absprachen/Vergleiche im Finanzstrafverfahren 133
        22.2.1 Strafrechtliche Zusagen der Abgabenbehörde ... 133
        22.2.2 Zusagen durch die zuständige Strafsachenstelle . 134
        22.2.3 Verzicht auf mündliche Verhandlung vor
               dem Spruchsenat 135
        22.2.4 Absprachen/gebotene Geständnisse 136
   22.3 Vereinfachtes Verfahren 136

II Abgabenhinterziehung – Fallgruppen der Praxis 139

1 Geschätzte Hinterziehungsbeträge 139
  1.1 Taugliche Schätzungsmethoden im Strafverfahren 139
2 Verkürzung durch Nichtbenennung der Empfänger 140
3 Abgabenhinterziehung durch Abzug von Schmiergeldern 141
4 Verkürzung durch Verletzung steuerlicher Nachweispflichten . 142
  4.1 Mangelnde Dokumentation von
      Angehörigenvereinbarungen 142
  4.2 Mangelnder Nachweis des Werbecharakters 143
  4.3 Mangelnder Buchnachweis 143
  4.4 Vorsteuerabzug und mangelhafte Rechnung 144
5 Abgabenhinterziehung und Scheingeschäft 144
6 Abgabenhinterziehung durch Einschaltung von
  Oasengesellschaften/Briefkastengesellschaften 145
7 Abgabenhinterziehung durch Missbrauch von Formen und
  Gestaltungsmöglichkeiten des bürgerlichen Rechts 146
8 Erzwungene Pflicht zur Selbstbelastung und
  Abgabenhinterziehung 147

Inhaltsverzeichnis

    8.1 Selbstbelastung hinsichtlich einer gerichtlichen Straftat . 147
    8.2 Selbstbelastung hinsichtlich nicht erklärter Einkünfte von Vorperioden 147
  9 Abgabenhinterziehung und Verbot der Doppelbestrafung ... 148
  10 Verdeckte Gewinnausschüttung und Abgabenhinterziehung . 149
    10.1 Grundfall 149
    10.2 Abgrenzung verdeckte Gewinnausschüttung bloße Vollzugsfehler 149
    10.3 Verdeckte Gewinnausschüttung und Konzernverrechnungspreise 150
    10.4 Verdeckte Gewinnausschüttung und Verrechnungspreise/ pauschale Konzernumlagen 150
  11 Abgabenhinterziehung und Verlustvortrag 151

III Hinterziehung spezifischer Steuern 153
  1 Jahresumsatzsteuer und Umsatzsteuervorauszahlungen 153
    1.1 Zusammentreffen von Jahresumsatzsteuerverkürzung und Vorauszahlungshinterziehung 153
    1.2 Wissentliche Verkürzung bei Vorauszahlungshinterziehung 153
    1.3 Vollendung der Umsatzsteuervorauszahlungshinterziehung 154
    1.4 Gewerbsmäßige Umsatzsteuervorauszahlungshinterziehung 155
    1.5 Umsatzsteuerhinterziehung mittels Scheinrechnungen .. 155
    1.6 Umsatzsteuerkarussell 156
        1.6.1 Tatsächliche Lieferung der fakturierten Ware 156
        1.6.2 Bloße Scheinlieferungen und Scheinrechnungen .. 157
    1.7 Umsatzsteuervorauszahlungshinterziehung und Selbstanzeige 158
        1.7.1 Berichtigte Umsatzsteuervoranmeldung als Selbstanzeige 158
        1.7.2 Entrichtungserfordernisse bei Umsatzsteuervorauszahlungen 159
  2 Lohnsteuerhinterziehung 159
  3 Kapitalertragsteuerhinterziehung 160
  4 Hinterziehung der Erbschafts- und Schenkungssteuer 160
    4.1 Übertragung unversteuerter Depots von Todes wegen oder unter Lebenden 160
  5 EU-Quellensteuer 161

Stichwortverzeichnis 163

ABKÜRZUNGSVERZEICHNIS

AG	Aktiengesellschaft
BMF	Bundesministerium für Finanzen
BP	Betriebsprüfung
bzw	beziehungsweise
DB	Dienstgeberbeitrag zum Familienlastenausgleichsfonds
dh	das heißt
DZ	Zuschlag zum Dienstgeberbeitrag
ESt	Einkommensteuer
etc	et cetera
EUR	Euro
FinStrG	Finanzstrafgesetz
FinStrR	Finanzstrafrecht
ggf	gegebenenfalls
GmbH	Gesellschaft mit beschränkter Haftung
GmbHG	Gesetz über Gesellschaften mit beschränkter Haftung
GF	Geschäftsführer
hA	herrschende Ansicht
KESt	Kapitalertragsteuer
KommSt	Kommunalsteuer
KSt	Körperschaftsteuer
LSt	Lohnsteuer

Abkürzungsverzeichnis

NB	Nichtigkeitsbeschwerde
OLG	Oberlandesgericht
OGH	Oberster Gerichtshof
StGB	Strafgesetzbuch
StPO	Strafprozessordnung
stRsp	ständige Rechtsprechung
uä	und ähnlichem/ähnliches
UFS	Unabhängiger Finanzsenat
USt	Umsatzsteuer
USt-VZ	Umsatzsteuervorauszahlung
usw	und so weiter
uU	unter Umständen
va	vor allem
VbVG	Verbandsverantwortlichkeitsgesetz
VfGH	Verfassungsgerichtshof
vgl	vergleiche
VwGH	Verwaltungsgerichtshof
zB	zum Beispiel

A FINANZSTRAFRECHTLICHE GRUNDLAGEN

STEUERHINTERZIEHUNG IM ÜBERBLICK

1 Der Begriff der Steuerhinterziehung

Der österreichische Gesetzgeber hat für das Steuerstrafrecht ein eigenes Gesetz geschaffen, das Finanzstrafgesetz. Dieses Sonderstrafgesetz regelt diese Materie umfassend: In diesem Gesetz wird der Allgemeine Teil (Voraussetzungen der Strafbarkeit, örtlicher Geltungsbereich, zeitlicher Geltungsbereich, Regelungen über Versuch, Beteiligung, Strafaufhebungsgründe etc) eigenständig geregelt; nur so weit sich im Finanzstrafgesetz diesbezüglich keine besondere Regelung findet, sind die Regelungen des Strafgesetzbuches anzuwenden. Dies ist nur in wenigen Ausnahmefällen der Fall. Weiters regelt das Finanzstrafgesetz im Besonderen Teil die einzelnen Delikte, wobei hier nicht nur Steuerdelikte geregelt werden, sondern auch Zollvergehen wie insbesondere der Schmuggel.

Das zentrale im Finanzstrafgesetz geregelte Delikt ist die Abgabenhinterziehung, gleich bedeutend mit Steuerhinterziehung. Weiters regelt das Finanzstrafgesetz auch das Verfahrensrecht, wobei hier der Gesetzgeber den Weg gewählt hat, das Verfahrensrecht in ein gerichtliches und verwaltungsbehördliches Verfahren aufzuspalten. Das verwaltungsbehördliche Verfahren wird ausschließlich im Finanzstrafgesetz geregelt; im gerichtlichen Finanzstrafverfahren wird die Strafprozessordnung grundsätzlich für anwendbar erklärt, allerdings sind in einem eigenen Abschnitt Ergänzungsbestimmungen zur Strafprozessordnung im gerichtlichen Finanzstrafprozess vorgesehen.

Unter Steuerhinterziehung ist die „heimliche", vorsätzliche Verkürzung von Steuern zu verstehen. Demnach liegt nur dann eine Steuerhinterziehung vor, wenn

– Abgaben verkürzt wurden und

- dies „heimlich" erfolgt ist, was bedeutet, dass die Abgabenbehörde entweder etwa durch die Einreichung einer unrichtigen Steuererklärung getäuscht wurde oder über abgabenrechtlich maßgebende Umstände nicht informiert wurde.

Wurde die Abgabenbehörde vollständig über alle abgabenrechtlichen maßgebenden Umstände informiert, ist eine Steuerverkürzung nicht strafbar. Insbesondere ist die bloße Nichtzahlung von Abgaben nicht strafbar; in derartigen Fällen können lediglich Säumniszuschläge bzw bei verspäteter Abgabe von Abgabenerklärungen Verspätungszuschläge nach der Bundesabgabenordnung vorgeschrieben werden.

Wird die Verkürzung zwar „heimlich" aber nicht vorsätzlich, sondern nur fahrlässig begangen, so liegt keine Hinterziehung vor, sondern bloß eine fahrlässige Abgabenverkürzung, die jedoch ebenfalls nach dem FinStrG strafbar ist. Dafür sind allerdings erheblich weniger gravierende Sanktionen vorgesehen (vgl A.I.4.2.5).

2 Abgabenrechtliche Pflichten und Risken aus Pflichtverletzung

Eine strafbare Steuerhinterziehung liegt nur dann vor, wenn die Verkürzung „heimlich" erfolgt, dh wenn die Abgabenbehörde entweder getäuscht wurde oder von abgabenrechtlich maßgebenden Umständen nicht informiert wurde. Demnach kann eine Hinterziehung nur vorliegen, wenn abgabenrechtliche Anzeige-, Offenlegungs- oder Wahrheitspflichten verletzt werden.

Um es auf einen kurzen Nenner zu bringen: Grundsätzlich ist – mit ganz wenigen Ausnahmen – alles, was für die Abgabenerhebung von Bedeutung ist, anzuzeigen oder offenzulegen. Das bedeutet, dass immer dann, wenn die Abgabenbehörde von abgabenrechtlich maßgebenden Sachverhalten nicht oder nicht vollständig und nicht zeitgerecht informiert wurde, eine derartige Pflichtverletzung anzunehmen ist. In der Praxis wird das Risiko derartiger Pflichtverletzungen dadurch verschärft, dass diese Pflichten regelmäßig durch Abgabe von Steuererklärungen zu erfüllen sind. Diese Steuererklärungen erfordern nicht die Offenlegung von Sachverhalten, sondern das Ausfüllen von einzelnen Feldern (sogenannten Kennziffern) mit Zahlen. Diese Zahlen sind verdichtete Sachverhalte (zB Einkünfte aus Gewerbebetrieb oder Einkünfte aus Vermietung und Verpachtung oder Sonderausgaben), ohne dass der Abgabenbehörde noch weitere Sachverhalte mitzuteilen sind.

Die Abgabenbehörde will – jedenfalls im Zeitpunkt der Veranlagung – Sachverhalte gar nicht im Detail erfahren, sie will lediglich eine möglichst automatische Steuerveranlagung herbeiführen.

Dies hat aber zur Folge, dass jeder Fehler beim Ausfüllen einer derartigen Steuererklärung regelmäßig zur Verletzung einer derartigen Offenlegungspflicht führt, weil ja die Abgabenbehörde in diesem Fall den abgabenrechtlichen maßgebenden Sachverhalt nicht erfahren hat, der erforderlich gewesen wäre, um einen richtigen Steuerbescheid zu erlassen. Anderes würde nur dann gelten, wenn etwa aus der Beilage zur Steuererklärung zB aus einem beigelegten Bilanzbericht, diese abgabenrechtlich maßgebenden Sachverhalte unmissverständlich und vollständig ersichtlich sind oder der Steuerpflichtige selbst – um vorausschauend ein strafrechtliches Risiko zu vermeiden – in einer Beilage zur Steuererklärung den Sachverhalt vollständig darlegt.

Eine derartige vorsorgliche Offenlegung gerade in Fällen in denen die Rechtslage unklar ist, ist dringend anzuraten (vgl B.I.4).

Abgabenrechtliche Anzeigepflichten dienen dazu, die Abgabenbehörde von der gegenwärtigen oder künftigen Entstehung von Abgabenansprüchen dem Grunde nach in Kenntnis zu setzen. So normiert die Bundesabgabenordnung eine allgemeine Anzeigepflicht aller Umstände, die hinsichtlich einer Abgabe vom Einkommen, Vermögen, Ertrag oder Umsatz die persönliche Abgabenpflicht begründen, ändern oder beendigen.

Eröffnet ein Abgabepflichtiger zB einen Gewerbebetrieb oder beginnt er Vermietungseinkünfte zu erzielen und informiert er die Abgabenbehörde darüber nicht zeitgerecht, so hat er dadurch diese Anzeigepflicht verletzt. Die bloße Verletzung dieser Anzeigepflicht stellt aber für sich weder eine vollendete, noch eine versuchte Hinterziehung dar: Eine versuchte Hinterziehung ist erst dann gegeben, wenn der Täter eine Ausführungshandlung oder eine ausführungsnahe Handlung gesetzt hat (vgl A.I.4.2.7; B.I.10). Gibt der Steuerpflichtige allerdings für diesen Gewerbebetrieb, dessen Eröffnung der Abgabenbehörde nicht angezeigt wurde, in der Folge keine Steuererklärungen ab, dann hat er sich dadurch einer Steuerhinterziehung strafbar gemacht. Da für Zwecke der USt derartige Erklärungen regelmäßig schon sehr kurzfristig abgegeben werden müssen (monatlich bzw quartalsmäßig) führt das „U-Bootdasein" einer Einkunftsquelle vielfach sehr rasch zu einer strafbaren Hinterziehung.

Ausnahmsweise kann schon die Verletzung einer Anzeigepflicht eine versuchte Abgabenhinterziehung darstellen, so zB bei Nichtabgabe einer Erbschafts- oder Schenkungssteuererklärung (vgl B.III.4).

Die Bundesabgabenordnung sieht eine allgemeine und umfassende Offenlegungspflicht für alle für den Bestand und Umfang einer Abgabenpflicht bedeutsamen Umstände nach Maßgabe der Abgabenvorschriften vor. Die Offenlegung muss vollständig und wahrheitsgemäß erfolgen. Diese allgemeine Offenlegungspflicht nimmt auf die Erklärungspflicht in den einzelnen Steuergesetzen Bezug. Diese Steuergesetze verlangen regelmäßig eine umfassende Erklärungspflicht für bestimmte Zeiträume bis zu einem bestimmten Zeitpunkt. So ist etwa bei elektronischer Einreichung die Einkommensteuererklärung bis zum 30. 6. des Folgejahres abzugeben. Durch zeitgerechte Einreichung einer richtigen Einkommensteuererklärung wird diese Offenlegungspflicht erfüllt.

2.1 Besondere abgabenrechtliche Pflichten

Die Strafbestimmung der Abgabenhinterziehung regelt neben dem Grundtatbestand auch Verkürzungen unter Verletzung von besonderen Pflichten: Die USt-VZ-Hinterziehung und die LSt-Hinterziehung.

2.1.1 Umsatzsteuervorauszahlungshinterziehung

Die USt-VZ-Hinterziehung und LSt-Hinterziehung sind ausnahmsweise nur strafbar, wenn sie vorsätzlich erfolgen. Die fahrlässige Deliktsbegehung ist hier straflos. Die USt-VZ-Hinterziehung erfordert neben der Verkürzung auch die Verletzung der Pflicht zur Abgabe der monatlichen oder quartalsmäßigen Umsatzsteuervoranmeldung.

Jeder Unternehmer iSd Umsatzsteuerrechtes ist verpflichtet, unterjährig je nach Umsatzhöhe – entweder monatliche oder quartalsmäßige Umsatzsteuervoranmeldungen – abzugeben. Unternehmer die im letzten Jahr einen Umsatz von weniger als EUR 100.000,00 erzielt haben, sind von der Abgabe einer Voranmeldung befreit, sofern die USt pünktlich entrichtet wird. Wird sie nicht entrichtet, lebt die Umsatzsteuervoranmeldungspflicht auf. Das ist tückisch und führt dazu, dass diese Unternehmer bei nicht pünktlicher Bezahlung der USt bereits mit Nichtzahlung am Fälligkeitstag eine strafbare USt-VZ-Hinterziehung begehen.

Die USt-VZ-Hinterziehung erfordert nicht nur Vorsatz auf der niedrigsten Stufe (bedingten Vorsatz), sondern Wissentlichkeit für das Bewirken der Abgabenverkürzung: Das heißt, dass der Steuerpflichtige nur dann strafbar ist, wenn dieser im Tatzeitpunkt, somit im Zeitpunkt in dem er zur Abgabe der Voranmeldung verpflichtet ist, genau weiß, dass es zu einer Verkürzung von USt kommt.

Diese Strafbarkeitseinschränkung hat allerdings nur bescheidene Bedeutung, weil bei jedem Unternehmer, der schon mehrfach pünktlich Umsatzsteuervoranmeldungen abgeben hat, angenommen wird, dass er seine Voranmeldungspflicht kennt.

Auf das Nichtvorliegen dieses Wissens wird sich ein Steuerpflichtiger daher in der Regel nur berufen können, wenn er in diesen Belangen noch völlig unerfahren ist und zB seine unternehmerische Tätigkeit erst aufgenommen hat.

2.1.2 Lohnsteuerhinterziehung

Jeder Dienstgeber ist nach einkommensteuerlichen Vorschriften verpflichtet, für jeden einzelnen Dienstnehmer ein Lohnkonto zu führen, auf dem die einzelnen Lohnbestandteile zu vermerken sind. Eine Hinterziehung von LSt ist nur dann strafbar, wenn diese unter Verletzung dieser Pflicht zur Führung eines ordnungsgemäßen Lohnkontos erfolgt. Typischerweise wird diese Pflicht verletzt, wenn Lohnbezüge zB „schwarz" ausbezahlt werden oder zB steuerpflichtige Lohnbestandteile als steuerfreie Bezüge am Lohnkonto nicht erfasst werden (vgl B.III.2). Wie die USt-VZ-Hinterziehung ist auch die LSt-Hinterziehung nur strafbar, wenn der Steuerpflichtige genau weiß, dass er eine Verkürzung von LSt herbeiführt.

Irrt der Dienstgeber zB über die Lohnsteuerpflicht von Bezügen – und damit auch über seine Verpflichtung zur Führung eines Lohnkontos – dann liegt eine strafbare LSt-Hinterziehung nicht vor (zu den Rechtsfolgen des Irrtums vgl A.I.4.2.6; B.I.12).

3 Das drohende Risikoszenario

Die strafrechtlichen und haftungsrechtlichen Risken aus Steuerhinterziehung müssen inzwischen als äußerst dramatisch bezeichnet werden.

Bis 1999 war Steuerhinterziehung neben der zwingend zu verhängenden Geldstrafe lediglich mit einer zusätzlichen Freiheitsstrafdrohung von maximal 1 Jahr bedroht; bis dahin wurden kaum Freiheitsstrafen für Steuerhinterziehung verhängt; wurden Freiheitsstrafen ausnahmsweise ausgesprochen, dann wurden diese regelmäßig bedingt nachgesehen, hat der Täter in der Folge im Bewährungszeitraum kein einschlägiges Delikt mehr begangen, wurde die Freiheitsstrafe endgültig nicht vollzogen.

Ab 1999 wurden die Freiheitsstrafdrohungen drastisch erhöht: Im ersten Schritt wurden die Freiheitsstrafen auf zwei Jahre verdoppelt und im Falle der Gewerbsmäßigkeit auf drei Jahre erhöht. Ab 5. 6. 2004 beträgt die Freiheitsstrafdrohung bei gewerbsmäßiger Abgabenhinterziehung von mehr als EUR 500.000,00 bis zu fünf Jahre und ab 1. 1. 2006 beträgt die maximale Freiheitsstrafdrohung bei gewerbsmäßiger Abgabenhinterziehung, wenn sie EUR 3 Mio übersteigt, sieben Jahre.

Bei Rückfall kann die Freiheitsstrafe um bis zu 50% erhöht werden; das bedeutet, dass in den schwersten Fällen derzeit eine Freiheitsstrafe von bis zu 10,5 Jahren theoretisch verhängt werden könnte.

Dabei ist allerdings zu bedenken, dass eine Freiheitsstrafe nicht zwingend zu verhängen ist, sondern nur dann, wenn dies aus Gründen der Spezial- oder Generalprävention geboten ist; eine primäre Geldstrafe ist hingegen in jedem Fall zu verhängen. Die Höhe der Geldstrafe bemisst sich – anders als im allgemeinen Strafrecht – nicht nach Tagessätzen, sondern nach der Höhe der Abgabenhinterziehung. Die Geldstrafdrohung beträgt bei „normaler" Abgabenhinterziehung 200% der Abgabenverkürzung, im Fall gewerbsmäßiger Hinterziehung 300%.

Zu betonen ist, dass Gewerbsmäßigkeit nicht der Ausnahmefall, sondern eher der Regelfall ist: Gewerbsmäßig handelt, wem es darauf ankommt, sich durch die wiederkehrende Begehung eine fortlaufende Einnahme zu verschaffen. Dabei ist eine wiederkehrende Begehung gar nicht erforderlich, sondern lediglich der Vorsatz, die Hinterziehung abermalig zu begehen und sich daraus eine fortlaufende Einnahme zu verschaffen. Werden zB bestimmte Einkünfte in den jährlich abzugebenden Einkommensteuererklärungen wiederholt nicht angegeben, ist damit regelmäßig gewerbsmäßige Hinterziehung verwirklicht.

Der Gesetzgeber sieht zwar vor, dass bei Verhängung der Geldstrafe die Leistungsfähigkeit des Steuerpflichtigen zu berücksichtigen ist; dies ist aber ein bloßes Lippenbekenntnis, weil sich aus dem Gesetz nicht ergibt, wie die Leistungsfähigkeit berücksichtigt werden könnte. In der Praxis wird auf die Leistungsfähigkeit in keiner Weise Rücksicht genommen, sondern die Geldstrafe nach einem „bewährten", starren Schema ermittelt.

So beträgt standardmäßig die Geldstrafe bei „normaler" Abgabenhinterziehung zwischen 30% und 40% des Hinterziehungsbetrages, sofern keine besonderen Strafmilderungs- bzw Erschwerungsgründe vorliegen. Liegen Erschwerungsgründe vor, wie zB finanzstrafrechtliche Bescholtenheit, langer Tatzeitraum, etc so kann die Geldstrafe erheblich empfindlicher ausfallen.

In diesem Zusammenhang ist zu berücksichtigen, dass der hinterzogene Steuerbetrag (der Verkürzungsbetrag), vielfach dem Täter persönlich in keiner Weise zu Gute gekommen ist und damit die Höhe der Verkürzung eine sehr fragwürdige Größe für die Bemessung der Strafhöhe sein kann: Hat zB ein mäßig entlohnter Geschäftsführer einer ertragstarken Kapitalgesellschaft eine erhebliche Körperschaftssteuerhinterziehung herbeigeführt, ohne davon auch nur im Geringsten persönlich zu profitieren, so bemisst sich die Geldstrafdrohung dennoch nach der verkürzten Körperschaftssteuer.

Das Risiko einer Freiheitsstrafe wird allerdings dadurch eingeschränkt, dass bei verwaltungsbehördlicher Zuständigkeit höchstens bis zu 3 Monaten Freiheitsstrafe verhängt werden darf. Die Verwaltungsbehörde ist für die Ahndung von Steuerhinterziehungen zuständig, sofern der Hinterziehungsbetrag weniger als EUR 75.000,00 beträgt (vgl B.I.19).

Diese Grenze für die Gerichtszuständigkeit wird jedoch rascher überschritten als man denkt: Verkürzungsbeträge aus verschiedenen Jahren werden grundsätzlich zusammengerechnet. Findet zB eine strafrechtliche Prüfung statt, in der ein Gewerbebetrieb für die letzten acht Jahre geprüft wird und konnten in all diesen Jahren Hinterziehungen festgestellt werden, so ermittelt sich der strafrahmenbildende Verkürzungsbetrag aus der Summe der verkürzten zB Einkommensteuer und Umsatzsteuer all dieser Jahre.

Es ist unschwer nachzuvollziehen, dass aufgrund dieser Kumulierung auch bei kleineren oder mittleren Einkünften die Gerichtszuständigkeitsgrenze oftmals überschritten werden kann.

Das Gericht, allerdings systemwidrig nicht auch die Verwaltungsbehörde, kann die Geldstrafe und gegebenenfalls auch die Freiheitsstrafe bedingt nachsehen. Wird die Geldstrafe bedingt nachgesehen, dann ist sie vorerst nicht zu entrichten bzw die Freiheitsstrafe vorerst nicht zu vollziehen; sofern der Täter innerhalb des Bewährungszeitraumes kein derartiges Delikt mehr begeht, ist die Sanktion endgültig nicht zu vollziehen. Diese bedingte Strafnachsicht wurde in der Vergangenheit von den Gerichten zum Teil sehr großzügig gehandhabt und hat dazu geführt, dass bei Geldstrafen vielfach – sofern nicht besondere Erschwerungsgründe vorgelegen sind – 50% der Geldstrafe bedingt nachgesehen werden. Das hat dazu geführt, dass unter diesem Gesichtspunkt die gerichtliche Verurteilung oftmals „billiger" war als eine verwaltungsbehördliche Verurteilung. In manchen Fällen wurden auch zB Freiheitsstrafen vom Gericht sogar gänzlich bedingt nachgesehen.

Statistische Auswertungen von in der Vergangenheit verhängten Geld- und Freiheitsstrafen bei Steuerhinterziehung sind letztlich für die zukünftige Risikoeinschätzung wenig aussagefähig, weil sich – wie oben dargestellt – die Freiheitsstrafdrohungen so wesentlich erhöht haben. Künftig werden Gerichte bei derart hohen Freiheitsstrafdrohungen zunehmend Freiheitsstrafen, und diese wohl auch teilweise unbedingt, verhängen. Es bleibt abzuwarten, wie die Rechtsprechung diese erhöhten Strafdrohungen bei der Strafbemessung berücksichtigen wird; mit einer wesentlichen Verschärfung der Strafpraxis ist jedenfalls zu rechnen.

Durch die Verurteilung des Täters mit Geld- und gegebenenfalls Freiheitsstrafe, sind die strafrechtlichen Risken aber nicht beschränkt: Mit 1. 1. 2006 ist das Verbandsverantwortlichkeitsgesetz in Kraft getreten (vgl B.I.20).

Werden die steuerlichen Pflichten einer Gesellschaft – gleich welcher Rechtsform – verletzt, um Steuern der Gesellschaft zu hinterziehen, wird neben dem Täter auch das Unternehmen mit einer Geldbuße belegt. Voraussetzung ist lediglich, dass die Steuerhinterziehung von einem Entscheidungsträger im Rahmen seiner Tätigkeit für das Unternehmen zum Vorteil des Unternehmens oder unter Verletzung von Pflichten, die das Unternehmen treffen, begangen wurde. Aber auch wenn die Hinterziehung zB bloß von einem Mitarbeiter des Unternehmens begangen wurde, ist dennoch das Unternehmen zu belangen, wenn die Hinterziehung durch ein Überwachungsverschulden eines Entscheidungsträgers ermöglicht wurde. Da inzwischen beinahe alle großen und mittelgroßen Unternehmen – und zum Teil auch kleine Unternehmen – nicht mehr in der Rechtsform eines Einzelunternehmens geführt werden, wird für Hinterziehungen die ab 2006 begangen wurden, eine zusätzliche Verbandsverantwortlichkeit des Unternehmens – neben dem Täter – der Regelfall sein (vgl B.I.20).

Der Steuerhinterzieher hat aber vielfach nicht nur mit strafrechtlichen Sanktionen zu rechnen: Hinterzieht der Geschäftsführer einer Gesellschaft Steuern des Unternehmens, die in der Folge nicht entrichtet werden, ist regelmäßig mit einem Haftungsbescheid in Höhe der hinterzogenen Abgaben gegen den Geschäftsführer zu rechnen.

Die Vertreter von juristischen Personen haften für Abgaben der juristischen Person, die sie vertreten insoweit, als die Abgaben, infolge schuldhafter Verletzung der den Vertretern auferlegten Pflichten, nicht einge-

[Handwritten note on sticky: Vorsatz durch Unwissenheit ausräumen / Unrecht nur damit / Entschuldigung Entfernen / + Unwissen / + Geldmangel]

Das finanzstrafrechtliche Delikt

4 Das finanzstrafrechtliche Delikt

4.1 Verbrechensaufbau/Fallprüfungsschema bei (vollendeter) Steuerhinterziehung

I. Tatbestandsmäßigkeit gegeben?
  1. Objektive Tatbestandsmerkmale erfüllt?
    – Offenlegungspflicht verletzt?
    – Steuerverkürzung herbei geführt?
  2. Subjektive Tatbestandsmerkmale erfüllt?
    – Vorsätzliche Verletzung einer Offenlegungspflicht?
    – Vorsätzliche Steuerverkürzung?
II. Rechtswidrigkeit gegeben?
III. Schuld gegeben?
  1. Schuldfähigkeit?
  2. Unrechtsbewusstsein?
  3. Entschuldigungsgründe?
IV. Strafaufhebungs- oder Strafausschließungsgründe gegeben?
  1. Verjährung?
  2. Selbstanzeige?
  3. Mangelnde Strafwürdigkeit?

Das oben dargestellte Fallprüfungsschema hat sich in der strafrechtlichen Praxis bewährt und erlaubt eine strukturierte Überprüfung, ob sämtliche Voraussetzungen der Strafbarkeit eines Täters in einem konkreten Fall vorliegen.

Entsprechend dem oben angeführten Schema ist eine strukturierte Fallprüfung in folgender Reihenfolge durchzuführen:

Im Fall der Abgabenhinterziehung ist zu prüfen, ob eine abgabenrechtliche Anzeige-, Offenlegungs- oder Wahrheitspflicht verletzt wurde und ob eine Verkürzung von Abgaben eingetreten ist. Beide Tatbestandsmerkmale müssen vom Vorsatz des Täters (sowohl vom Wissen als auch vom Wollen des Täters) umfasst sein. Einfacher Vorsatz (bedingter Vorsatz) genügt für beide Tatbestandsmerkmale: Demnach genügt es, wenn der Täter den Erfolgseintritt, dh die Verletzung der abgabenrechtlichen Offenlegungspflicht und den Eintritt der Verkürzung für möglich gehalten hat und sich damit abgefunden hat. Unterliegt der Täter einem Irrtum, indem er zB nicht erkennt, dass er eine Hinterziehung begeht, oder irrt der Täter zB über die Verletzung der Steuerrechtsordnung, so schließt ein derartiger Irrtum den Vorsatz aus und eine strafbare Hinterziehung liegt nicht vor. Beruht der Irrtum des Täters allerdings auf Fahrlässigkeit (Verletzung der Sorgfalt) kommt uU eine Strafbarkeit aufgrund fahrlässiger Abgabenverkürzung in Betracht.

Ausnahmsweise bedarf es bei der USt-VZ-Hinterziehung und der LSt-Hinterziehung im Hinblick auf die Abgabenverkürzung eines besonderen Vorsatzes in Form der Wissentlichkeit. In diesem Fall ist der Täter nur strafbar, wenn er genau weiß, dass durch zB Nichtentrichtung und Nichtzahlung der USt-VZ am Fälligkeitstag eine Abgabenverkürzung eintritt. Hat der Täter den objektiven Tatbestand vorsätzlich herbeigeführt, so könnte dieses tatbestandsmäßige Handeln ausnahmsweise gerechtfertigt sein. Im FinStrR sind Rechtfertigungsgründe wie zB die Notwehr faktisch ausgeschlossen.

Auf der nächsten Ebene ist das Verschulden des Täters zu untersuchen. Dabei ist im ersten Schritt zu prüfen, ob der Täter im Zeitpunkt der Begehung der Tat überhaupt deliktsfähig war. Dies wird bei Finanzvergehen kaum eine Rolle spielen; ausnahmsweise könnte anderes gelten bei dem Steuerpflichtigen, der zB im hohen Alter oder aufgrund eines Gebrechens nicht mehr in der Lage war, sein Vergehen zu erkennen.

Im nächsten Schritt ist die Frage zu prüfen, ob beim Täter das erforderliche Unrechtsbewusstsein vorliegt. Ausnahmsweise genügt im FinStrR für die Strafbarkeit wegen Abgabenhinterziehung nicht ein vorwerfbarer

Mangel an Unrechtsbewusstsein, sondern der Täter macht sich im FinStrR einer Steuerhinterziehung nur strafbar, wenn er die Unrechtsmäßigkeit seines Handelns erkannt hat. Hat er geirrt, gleich ob über die Verwirklichung des Tatbestandes oder zB über die steuerrechtliche Frage der Verkürzung oder über die Verletzung einer Offenlegungspflicht kann ihm kein Vorwurf im Hinblick auf eine Abgabenhinterziehung gemacht werden. Irrtümern, insbesondere über die steuerrechtliche Beurteilung, kommt daher im FinStrR große Bedeutung zu (zum Irrtum vgl A.I.4.2.6).

Weiters ist zu prüfen, ob der Täter aufgrund eines entschuldigenden Notstandes für seine Handlung nicht verantwortlich gemacht werden kann. Die Rechtsprechung hat bislang einen entschuldigenden Notstand bei Steuerhinterziehung so gut wie nie zugelassen: Auch wenn ein Arbeitnehmer, im Hinblick auf eine drohende Entlassung, widerstrebend aufgrund des Drucks seines Arbeitgebers an einer Hinterziehung mitwirkt, begründet das regelmäßig noch keinen entschuldigenden Notstand. Daraus ist abzuleiten, dass man sich mit entschuldigendem Notstand im FinStrR in aller Regel nicht wirksam entschuldigen kann.

Im letzten Schritt ist zu prüfen ob uU Strafausschließungsgründe oder Strafaufhebungsgründe vorliegen. Als wesentlichen Strafausschließungsgrund ist zu prüfen, ob die Tat ggf nicht strafwürdig ist, weil unbedeutende Folgen und geringfügiges Verschulden vorliegt.

Die Schwelle für derartige, nicht strafwürdige Bargelddelikte, liegt nach der Rechtsprechung allerdings sehr niedrig, sodass bei einer Verkürzung von EUR 1.000,00 bereits regelmäßig nicht mehr von unbedeutenden Folgen ausgegangen werden kann und ein geringes Verschulden im Fall von Vorsatz in der Regel ausscheiden wird. Als Strafaufhebungsgründe kommen insbesondere Verjährung oder Selbstanzeige in Betracht (zur Verjährung vgl B.I.16 zur Selbstanzeige vgl B.I.15).

Das oben stehende Fallprüfungsschema ist erheblich vereinfacht, in der Praxis wenig bedeutsame Prüfungsschritte wurden bewusst eliminiert. So ist in diesem vereinfachten Fallprüfungsschema der letzte Prüfungsschritt auf Tatbestandsebene nicht enthalten, nämlich die Frage ob dem Täter das Unrecht zugerechnet werden kann. Diesem Kriterium kommt bei Steuerhinterziehung so gut wie kein Stellenwert zu.

Das oben stehende Fallprüfungsschema ist auf den typischen Fall der vollendeten Steuerhinterziehung durch Tun zugeschnitten: Der Steuerpflichtige gibt vorsätzlich eine unrichtige Steuererklärung ab und es ergeht ein unrichtiger Steuerbescheid.

Hat der Täter die Hinterziehung durch vorsätzliches Unterlassen herbeigeführt, in dem er zB bis Ende der abgabenrechtlichen Erklärungspflicht vorsätzlich keine Steuererklärung abgegeben hat, so verändert sich das Fallprüfungsschema nur geringfügig: Auf Tatbestandsebene ist zu prüfen, ob eine einschlägige Handlungspflicht gegeben war, der Täter das gebotene Tun nicht vorgenommen hat und der Täter die Möglichkeit hatte, den Erfolg abzuwenden. All diese Fragen werden in der Praxis regelmäßig und unschwer mit „ja" zu beantworten sein.

4.2 Spezifische Einzelaspekte

4.2.1 Strafrechtliche Haftung für Tun und Unterlassen

Gleich wie im allgemeinen Strafrecht ist auch im Finanzstrafrecht eine Begehung durch Tun und Unterlassen strafbar. Steuerhinterziehung begeht nicht nur, wer zB vorsätzlich eine unrichtige Steuererklärung abgibt, sondern auch derjenige, der bis zum Ende der gesetzlichen Erklärungsfrist vorsätzlich keine Erklärung abgibt (vgl B.I.2 zum Versuch bei Unterlassung bzw zum Zeitpunkt der Vollendung bei Unterlassung [vgl B.I.10.4]). Gibt ein Unternehmer zB am 15. des zweitfolgenden Monats keine Umsatzsteuervoranmeldung ab und entrichtet er die USt-VZ nicht, ist an diesem Tag bereits die USt-VZ-Hinterziehung vollendet (B.III.1.3).

Zu den praktischen Fallgestaltungen bei Unterlassen vgl B.I.2.

4.2.2 Abgabenhinterziehung – sachlicher Geltungsbereich

Nicht jede „heimliche" Hinterziehung von Steuern ist nach dem Finanzstrafgesetz strafbar.

In den Schutzbereich der Steuerhinterziehung im Sinn des Finanzstrafgesetztes fallen nur bundesrechtlich geregelte Abgaben, soweit diese von Abgabenbehörden des Bundes zu erheben sind. Demnach sind zB Hinterziehungen der Einkommensteuer, Lohnsteuer, Körperschaftsteuer, Umsatzsteuer und Grundsteuer nach dem Finanzstrafgesetz strafbar. Nicht unter das Finanzstrafgesetz fallen die Hinterziehung von Gebühren und zB die Kommunalsteuer. Bei der Hinterziehung von Gebühren kommt es nur zu Gebührenerhöhungen nach einer Sonderbestimmung des Gebührengesetzes, bei der Hinterziehung von Kommunalsteuer finden sich eigene Strafbestimmungen in den jeweiligen Landesabgabenordnungen.

Zu Fällen zum sachlichen Anwendungsbereich vgl B.I.5.

4.2.3 Abgabenhinterziehung – örtlicher Geltungsbereich

Eine Steuerhinterziehung ist nur strafbar, wenn sie im Inland begangen worden ist. Allerdings liegt eine Begehung im Inland nicht nur dann vor, wenn der Täter im Inland gehandelt hat, sondern auch dann, wenn eine Handlungspflicht im Inland bestanden hat. Hätte zB ein Ausländer im Hinblick auf seine inländischen Einkünfte in Österreich eine Steuererklärung abzugeben gehabt, so ist die Unterlassung der Abgabe der Steuererklärung als Inlandstat zu betrachten und daraus ergibt sich eine Strafbarkeit nach dem österreichischen Finanzstrafgesetz.

Weiters ist zu betonen, dass sich ein Österreicher in Österreich nicht nur einer österreichischen Steuerhinterziehung strafbar machen kann, sondern auch an einer ausländischen Steuerhinterziehung beteiligen kann: Unterstützt zB ein Österreicher einen Deutschen bei Hinterziehung seiner steuerlichen Verpflichtungen in Deutschland macht er sich einer deutschen Steuerhinterziehung schuldig. Deutschland ahndet Steuerhinterziehung besonders streng; in besonders schweren Fällen sind Freiheitsstrafdrohungen von bis zu 10 Jahren vorgesehen. Auf Grund internationaler und europäischer Rechtsakte bestehen weitgehende Rechtshilfemöglichkeiten, um den Täter in Österreich auszuforschen. Im Rechtshilfeweg können auch Zwangsmaßnahmen wie Hausdurchsuchungen und Beschlagnahmen gesetzt werden. Auch das österreichische Bankgeheimnis kann durch ein ausländisches eingeleitetes Steuerstrafverfahren durchbrochen werden. Ab 2009 wird Österreich auch eigene Staatsangehörige zur Durchführung einer gerichtlichen Strafverfolgung an andere EG Staaten ausliefern.

Zu Fällen zum örtlichen Geltungsbereich, zur Rechtshilfe und zur Auslieferung bei Steuerhinterziehung vgl B.I.7.

4.2.4 Abgabenhinterziehung – zeitlicher Geltungsbereich

Eine Strafe wegen Steuerhinterziehung darf nur verhängt werden, wenn die Tat schon zur Zeit ihrer Begehung mit Strafe bedroht war. Wie für alle Strafgesetze besteht ein strenges Rückwirkungsverbot. So kann zB die ab 1. 1. 2006 geltende 7-jährige Freiheitsstrafdrohung im Fall einer gewerbsmäßigen Steuerhinterziehung von mehr als 3 Mio EUR nur auf Hinterziehungen angewendet werden, die nach dem 1. 1. 2006 begangen wurden. Ist die Rechtslage im Zeitpunkt der Aburteilung 1. Instanz günstiger als zum Zeitpunkt der Tatbegehung, dann gilt die für den Täter günstigere Rechtslage (Günstigkeitsvergleich).

Zu Fällen zum zeitlichen Geltungsbereich, zum Rückwirkungsverbot und zum Günstigkeitsvergleich vgl B.I.8.

4.2.5 Subjektive Anforderungen

Hinterziehung bedeutet vorsätzliche Verkürzung von Steuern. Eine fahrlässige Verkürzung von Steuern ist ebenfalls strafbar, aber nicht als Steuerhinterziehung, sondern als fahrlässige Abgabenverkürzung. Der Strafrahmen dafür ist entsprechend geringer (Geldstrafe bloß bis 100% des Verkürzungsbetrages, keine zusätzliche Freiheitsstrafdrohung).

Ausnahmsweise sind fahrlässige USt-VZ-Verkürzung und fahrlässige LSt-Verkürzung nicht strafbar. Nach Ablauf des jeweiligen Kalenderjahres wird mit Nichtabgabe einer entsprechenden Umsatzsteuerjahreserklärung bis Ende der gesetzlichen Erklärungsfrist bzw Abgabe einer unrichtigen Umsatzsteuerjahreserklärung das Umsatzsteuerjahresdelikt begangen, dieses Delikt ist auch bei bloß fahrlässiger Begehung strafbar.

Vorsätzliche Begehung liegt schon dann vor, wenn ein bedingter Vorsatz vorliegt. Bedingter Vorsatz ist anzunehmen, wenn der Täter einen Erfolgseintritt billigend in Kauf nimmt und sich damit abfindet. Der Vorsatz muss alle objektiven Tatbestandsmerkmale – die Verletzung einer Offenlegungspflicht und die Steuerverkürzung – umfassen.

Auf Grund der Tatsache, dass vielfach unterstellt wird, dass jedermann seine persönliche Steuerlast möglichst zu reduzieren sucht, besteht in der Strafverfolgungspraxis eine deutliche Tendenz, von vornherein Vorsatz anzunehmen.

Zur Abgrenzung von bewusster Fahrlässigkeit und bedingtem Vorsatz vgl B.I.9.5.

Ausnahmsweise ist bei der USt-VZ-Hinterziehung und bei der LSt-Hinterziehung der besondere Vorsatz der Wissentlichkeit im Hinblick auf die Verkürzung erforderlich. Dies schränkt die Strafbarkeit aber nur ausnahmsweise ein (vgl B.III.1.2).

4.2.6 Steuerhinterziehung und Irrtum

Erkennt der Steuerpflichtige irrtümlich nicht, dass er eine Steuerhinterziehung begeht zB auch dadurch, dass er über die Steuerpflicht irrt, so schließt ein derartiger Irrtum den Vorsatz aus.

Allerdings ist zu betonen, dass nicht jede noch so „faule Ausrede" als Irrtum anerkannt wird. Ein Irrtum ist nur anzunehmen, wenn die Strafbehörde oder der Richter den Irrtum im Rahmen freier Beweiswürdigung als tatsächlich gegeben erachtet und nicht als bloße Schutzbehauptung (vgl B.I.12.2). Ist die vom Steuerpflichtigen angewendete steuerliche Rechtsauffassung vertretbar bzw ist sein Irrtum nicht vorwerfbar, so hat der Steuerpflichtige auch keine fahrlässige Abgabenverkürzung zu verantworten (vgl B.I.12.1).

4.2.7 Vorbereitung/Versuch/Vollendung der Abgabenhinterziehung

In gleicher Weise wie im allgemeinen Strafrecht ist auch im Steuerstrafrecht nicht nur die vollendete Hinterziehung strafbar, sondern bereits der Versuch der Hinterziehung. Ein Versuch ist bereits dann gegeben, wenn der Täter eine Ausführungshandlung oder eine ausführungsnahe Handlung vornimmt. Bei Steuerhinterziehung liegt strafbarer Versuch bereits dann vor, wenn der Steuerpflichtige eine unrichtige Abgabenerklärung einreicht. Reicht der Steuerpflichtige bis zum Ablauf der gesetzlichen Erklärungspflicht keine Steuererklärung ein, so ist zu unterscheiden: Ist der Steuerpflichtige für diese Steuer, für die er eine Erklärung abzugeben hätte, steuerlich registriert, so ist die bloße Nichtabgabe der Steuererklärung nicht als Hinterziehung anzusehen, sofern sich der Steuerpflichtige damit rechtfertigt, dass er ohnehin mit einer zutreffenden Schätzung der Abgaben gerechnet hat. Diese Rechtfertigung wird dem Steuerpflichtigen allerdings dann nichts nützen, wenn das Argument unglaubwürdig ist, weil das Finanzamt zB von der Einkunftsquelle (zB Vermietungseinkünfte) dem Grunde nach nicht informiert war (vgl B.I.2.1). Ist der Steuerpflichtige im Hinblick auf diese Einkünfte, für die er eine Erklärung abzugeben hätte, steuerlich nicht registriert (zB kein Einkommensteuer- bzw Umsatzsteuersignal), dann ist die Nichtabgabe der Steuererklärung mit Ablauf der gesetzlichen Erklärungsfrist bereits als vollendete Hinterziehung anzusehen. Ist ein Steuerpflichtiger von einem berufsmäßigen Parteienvertreter vertreten, so gelten in diesem Fall die erlassmäßig längeren Fristen; die Praxis geht davon aus, dass eine Strafbarkeit vor Ablauf dieser (erlassmäßigen) Frist nicht in Frage kommt.

Bei Selbstbemessungsabgaben – insbesondere bei der Umsatzsteuervorauszahlung – ist das Delikt bereits vollendet, wenn die Vorauszahlung bis 15. des zweitfolgenden Monats (Quartals) nicht entrichtet wird und auch keine Umsatzsteuervoranmeldung abgegeben wurde.

Noch kein strafbarer Versuch, sondern bloß straflose Vorbereitung liegt vor, wenn ein Steuerpflichtiger zB Geschäftsfälle in seinen Büchern nicht erfasst (Schwarzeinnahmen). Sobald allerdings diese Schwarzeinnahmen zB zu Unrecht nicht in die Umsatzsteuervoranmeldung einfließen, ist die USt-VZ-Hinterziehung bei Nichteinreichung einer vollständigen Umsatzsteuervoranmeldung bereits zum Fälligkeitszeitpunkt vollendet.

Zu Fällen zu Vorbereitung, Versuch und Vollendung vgl B.I.10.

4.2.8 Beteiligung an Steuerhinterziehung

Nicht nur der Steuerpflichtige selbst ist wegen Steuerhinterziehung strafbar, wenn er seinen steuerlichen Pflichten nicht nachkommt (unmittelbarer Täter), sondern auch jeder, der den unmittelbaren Täter zur Tat bestimmt (Bestimmungstäter) oder der sonst in irgendeiner Weise zur Tatbegehung beiträgt (Beitragstäter). Für jeden Täter, gleich ob unmittelbarer Täter, Bestimmungstäter oder Beitragstäter, gilt der volle Strafrahmen der Steuerhinterziehung (Geldstrafe und gegebenenfalls Freiheitsstrafe). Jeder dieser Täter wird nach eigenem Unrecht und nach eigener Schuld bestraft. So kann unter Umständen der Steuerpflichtige selbst (unmittelbarer Täter) straflos sein, weil er gar nicht erkennt, dass er eine Steuerverkürzung begeht, während aber der Hintermann – zB sein steuerlicher Berater der die Hinterziehung herbeigeführt hat – wegen Steuerhinterziehung zu bestrafen ist. Als Beteiligter an einer Steuerhinterziehung kann grundsätzlich jedermann in Betracht kommen, insbesondere Mitarbeiter in kaufmännischen Abteilungen des Rechnungswesens, der Personalverrechnung aber auch steuerliche Berater, die zB den Tatentschluss des Täters herbeiführen oder bestärken, oder Geschäftspartner die durch Gefälligkeiten ein Delikt ermöglichen oder den Tatentschluss bestärken.

Zu Fällen zur Beteiligung vgl B.I.11.

4.2.9 Mangelnde Strafwürdigkeit

Eine Steuerhinterziehung ist nicht strafwürdig, wenn das Verschulden des Täters gering ist und die Folgen unbedeutend geblieben sind. Die Bestimmung hat auf Grund der strengen Rechtsprechung in der Praxis nur geringe Bedeutung, da bereits bei einer Hinterziehung von EUR 1.000,00 jedenfalls nicht mehr von unbedeutenden Folgen auszugehen ist; Vorsatz wird in der Regel nicht als geringfügiges Verschulden anzusehen sein.

Zu Fällen mangelnder Strafwürdigkeit vgl B.I.14.

4.2.10 Steuerhinterziehung und Strafaufhebung

4.2.10.1 Strafaufhebung durch Selbstanzeige

Wer eine Steuerhinterziehung begangen hat, kann nachträglich die Aufhebung seiner Strafbarkeit erlangen, wenn er rechtzeitig eine Selbstanzeige erstattet. Die Voraussetzungen zur Sicherstellung der Strafaufhebung sind allerdings vielfältig und trickreich, sodass jedem Steuerpflichtigen dringend zu raten ist, eine derartige Selbstanzeige nur mit professioneller Unterstützung abzufassen. Eine Selbstanzeige fordert die Darlegung der Verfehlung in dem Sinn, dass der Abgabenbehörde der Fehler bezeichnet wird und eine Offenlegung aller Umstände, die für die sofortige richtige Abgabenbemessung erforderlich sind. Die Selbstanzeige muss weiters gegenüber der richtigen Behörde erfolgen (vgl B.I.15.6).

Die Selbstanzeige muss rechtzeitig erstattet werden, das heißt, dass sie nicht erst bei Betretung auf frischer Tat und vor einer Verfolgungshandlung gegen den Täter oder Tatbeteiligte und vor (teilweiser) Entdeckung der Tat und Kenntnis des Täters davon erstattet werden muss. Wird diese Selbstanzeige während einer abgabenrechtlichen Prüfung erstattet, so ist sie nur dann rechtzeitig, wenn sie für eine fahrlässige Abgabenverkürzung vor Tatentdeckung und Kenntnis des Täters davon, erstattet wird (zur Rechtzeitigkeit der Selbstanzeige vgl B.I.15.7–15.13). Besonders zu beachten ist, dass die Selbstanzeige nur für die Personen gilt, für die sie ausdrücklich erstattet wird. Wird etwa nur eine berichtigte Steuererklärung für eine Gesellschaft abgegeben, wirkt diese berichtigte Erklärung nur belastend und nicht strafaufhebend, wenn nicht angeführt wird für wen die Selbstanzeige erstattet wird; es ist daher besonders darauf zu achten, in einer Selbstanzeige alle möglichen Täter ausdrücklich anzuführen um für alle derart Beteiligten Strafaufhebungswirkung zu erlangen. Auf Grund des ab 1. 1. 2006 geltenden Unternehmensstrafrechts ist die Selbstanzeige auch für das Unternehmen selbst zu erstatten.

Zu vielfältigen Fällen zur Selbstanzeige vgl B.I.15.

4.2.10.2 Verjährung der Strafbarkeit

Die Strafbarkeit der Steuerhinterziehung wird durch den Ablauf einer bestimmten Zeitspanne grundsätzlich aufgehoben; damit wird dem Entfall des Strafbedürfnisses und den Beweisschwierigkeiten in Folge Zeitablaufs Rechnung getragen.

Die Verjährungsfrist bei Steuerhinterziehung beträgt grundsätzlich 5 Jahre und beginnt mit Vollendung des Deliktes zu laufen (zum Vollendungszeitpunkt vgl B.I.10.4). Die Vollendung tritt bei Jahressteuern regelmäßig durch die Zustellung des Steuerbescheides ein.

Diese 5-jährige Verjährungsfrist bei Steuerhinterziehung greift aber in vielen Fällen nicht: Begeht nämlich der Täter während der Verjährungsfrist wiederum eine Steuerhinterziehung oder auch nur eine (vorsätzliche) Finanzordnungswidrigkeit, wie zB die Verletzung einer Buchführungspflicht, so bleibt der Lauf der Verjährungsfrist gehemmt. Erklärt daher zB der Steuerpflichtige jedes Jahr wiederum bestimmte Einkünfte nicht oder bringt er jedes Jahr wieder nicht abzugsfähige Ausgaben zum Abzug, so tritt keine Verjährung ein.

Wird allerdings die Gerichtszuständigkeitsgrenze (EUR 75.000,00) nicht überschritten, so tritt nach Ablauf von 10 Jahren Verjährung ein (absolute Verjährung). Sobald der für die Gerichtszuständigkeit erforderliche Betrag (EUR 75.000,00) überschritten wird, tritt diese absolute Verjährung nicht ein und es kann dazu kommen, dass Steuerhinterziehung durch immer wieder erfolgende Deliktbegehung überhaupt nicht verjährt (vgl B.I.16.1). Sobald gegen den Täter ein Strafverfahren anhängig ist oder eine Verfolgungshandlung gesetzt ist, läuft die Verjährungsfrist nicht mehr.

Unabhängig von der Frage der Verjährung der Strafbarkeit ist die Verjährung der Steuerpflicht nach der Bundesabgabenordnung zu prüfen: Abgaben dürfen nicht mehr erhoben werden, wenn sie (bemessungs)verjährt sind. Abgaben sind regelmäßig verjährt und können nicht mehr erhoben werden, wenn 5 Jahre, bzw bei hinterzogenen Abgaben 7 Jahre, meist mit einem zusätzlichen Jahr, somit 8 Jahre, verstrichen sind. Unabhängig von der Verjährung des Abgabenanspruchs können aber Fälle eintreten, in denen zwar die Erhebung der Abgaben nicht mehr möglich ist, sehr wohl aber die Hinterziehung dieser Steuern noch strafbar ist (vgl B.I.15.14).

4.2.11 Zusammentreffen strafbarer Handlungen

4.2.11.1 Zusammentreffen mehrerer Steuerhinterziehungen

Hat ein Steuerpflichtiger mehrere Hinterziehungen begangen, so sind diese Vergehen gemeinsam abzuurteilen und eine einzige Geldstrafe, eventuell zuzüglich Freiheitsstrafe, zu verhängen. Die einheitliche Geldstrafe bemisst sich grundsätzlich nach der insgesamt eingetretenen Verkürzung. Anderes gilt ausnahmsweise nur dann, wenn Hinterziehungen bei verschiedenen Finanzämtern begangen wurden (vgl B.I.17.1).

4.2.11.2 Zusammentreffen von Steuerhinterziehung mit anderen strafbaren Handlungen

Wird vom Gericht über eine Steuerhinterziehung und eine andere strafbare Handlung des Täters erkannt, so sind grundsätzlich gesonderte Strafen für die Hinterziehung und die übrigen Delikte zu verhängen. Der Täter der zB neben der Steuerhinterziehung auch eine Untreue begangen hat, ist gesondert für Steuerhinterziehung nach den dafür geltenden Bestimmungen zu verurteilen sowie gesondert auch für die Untreue.

Steuerhinterziehung erfüllt allerdings vielfach auch zugleich den Tatbestand des Betruges. In diesem Fall ist die Tat ausschließlich als Steuerhinterziehung zu ahnden (vgl B.I.18.1). Dies trifft insbesondere zu, wenn vorsätzlich eine unrichtige Steuererklärung angegeben wurde. Werden im Zuge einer Steuerhinterziehung Urkundendelikte (zB eine Urkundenfälschung im Zusammenhang mit Umsatzsteuerdelikten) begangen, so ist nur die Steuerhinterziehung zu ahnden und nicht auch das Urkundendelikt (vgl B.I.18.6).

Lässt sich ein steuerlicher Nichtunternehmer Vorsteuern aus Scheinrechnungen erstatten, so treffen ihn mangels Unternehmereigenschaft keine steuerlichen Pflichten; er ist in diesem Fall nicht wegen Steuerhinterziehung, sondern wegen Betruges zu bestrafen (vgl B.I.18.2).

4.2.12 Strafbarkeit von Unternehmen für Steuerhinterziehung

Mit 1. 1. 2006 wurde das Unternehmensstrafrecht in Österreich eingeführt. Ab diesen Zeitpunkt ist auch eine Verantwortlichkeit von Unternehmen für Steuerhinterziehung im Finanzstrafrecht vorgesehen. Strafbar sind Unternehmen, die als Verbände organisiert sind; das sind juristische Personen, Personenhandelsgesellschaften, eingetragene Erwerbsgesellschaften etc. Begeht ein Entscheidungsträger eines Unternehmens eine Steuerhinterziehung, so wird für diese Steuerhinterziehung nicht nur der Entscheidungsträger selbst zur Verantwortung gezogen, sondern auch der Verband, wenn diese Steuerhinterziehung zu Gunsten des Verbandes begangen wurde oder Pflichten verletzt wurden, die den Verband selbst treffen. Bei Steuerhinterziehung von Steuern, die für das Unternehmen anfallen (KSt, USt, LSt), sind diese Voraussetzungen regelmäßig gegeben (vgl B.I.20.1). Wurde die Steuerhinterziehung von einem Mitarbeiter des Unternehmens begangen, so löst auch diese Mitarbeiterhandlung eine Strafbarkeit des Unternehmens aus, wenn die Hinterziehung dadurch ermöglicht wurde, dass Entscheidungsträger ihre Kontrollpflichten verletzt haben. Die Unternehmensstrafbarkeit für Hinterziehungen von Mitarbeitern des Unternehmens kann somit nur durch sachgerechte Kontrollsysteme vermieden werden (vgl B.I.20.2).

5 Grundzüge des Finanzstrafverfahrens und die Perspektive des Betroffenen

5.1 Begriffe/Vorbemerkungen

Je nach Höhe der Hinterziehung ist für die Aburteilung entweder die Finanzstrafbehörde oder das Gericht zuständig. Übersteigen die vom Täter hinterzogenen Abgaben EUR 75.000,00, so ist das Gericht (Schöffengericht) zuständig. Hinterziehungen mehrerer Jahre werden dabei zusammengerechnet, sodass vielfach auch kleinere Hinterziehungen mit der Zeit in eine gerichtliche Zuständigkeit „hineinwachsen".

Je nach dem, ob die Finanzstrafbehörde oder das Gericht zuständig ist, gelten unterschiedliche Verfahrensbestimmungen.

Die Regelungen für das verwaltungsbehördliche Finanzstrafverfahren finden sich in einem eigenen Abschnitt des FinStrG. Bei gerichtlicher Zuständigkeit ist die Strafprozessordnung (StPO) anwendbar.

In Ergänzung der StPO sind darüber hinaus noch Sonderbestimmungen des FinStrG für das gerichtliche Verfahren anzuwenden.

Durch das Strafprozessreformgesetz mit Wirkung ab 1. 1. 2008 wurde das strafgerichtliche Vorverfahren gänzlich neu geregelt. Mit der Finanzstrafgesetznovelle 2007, ebenso anwendbar ab 1. 1. 2008, wurden die Regelungen des finanzbehördlichen Verfahrens ebenfalls wesentlich abgeändert und den neuen gerichtlichen Verfahrensbestimmungen angenähert; auch die Sonderbestimmungen für das gerichtliche Finanzstrafverfahren wurden im Rahmen dieser Finanzstrafgesetznovelle 2007 angepasst.

Nachfolgend wird ausschließlich die aktuelle Rechtslage mit Wirkung ab 1. 1. 2008 dargestellt.

Die wesentlichen Verfahrensabschnitte werden im Folgenden als Ermittlungs-, Erkenntnis- und Rechtsmittelverfahren bezeichnet. Dies ist ein Versuch die unterschiedliche Terminologie der StPO und des FinStrG gemeinsamen Oberbegriffen unterzuordnen.

Der Begriff des Ermittlungsverfahrens ist der StPO entnommen (vor 1. 1. 2008 Vorerhebungen und Voruntersuchungen). Im FinStrG besteht das Ermittlungsverfahren nach wie vor aus Vorerhebungen und Untersuchungsverfahren.

Wird das Verfahren im Zuge des Ermittlungsverfahrens nicht eingestellt, dann folgt das Erkenntnisverfahren. Für das Erkenntnisverfahren ist bei der Finanzstrafbehörde entweder der Einzelbeamte (bei Hinterziehungen bis EUR 22.000,00 vgl B.I.22.1.1) oder der Spruchsenat (bei Hinterziehungen über EUR 22.000,00 [sowie auf Antrag des Beschuldigten vgl B.I.22.1.2]) zuständig.

Im gerichtlichen Finanzstrafverfahren kommt es nach Anklageerhebung durch den Staatsanwalt zu einer Hauptverhandlung vor dem Schöffengericht.

Das Erkenntnisverfahren endet bei der Finanzstrafbehörde durch Erkenntnis und bei Gericht durch Urteil.

Im Rahmen des Rechtsmittelverfahrens können Erkenntnisse und Urteile von allen Parteien bekämpft werden (vgl im Einzelnen A.I.5.5.1, 5.2).

5.2 Anlässe für Finanzstrafverfahren

Regelmäßig werden Finanzstrafverfahren dadurch ausgelöst, dass der Finanzstrafbehörde Sachverhalte bekannt werden, die den Verdacht der Begehung eines Finanzvergehens (zB Steuerhinterziehung) begründen. Es gibt im Wesentlichen 3 Quellen aus denen derartige Informationen herrühren können.

Alle Finanzämter sind verpflichtet, die Finanzstrafbehörden zu verständigen, wenn ihnen verdachtsbegründende Informationen im Hinblick auf Finanzvergehen (zB Steuerhinterziehung) zugehen. Die Finanzämter erlangen derartige Informationen zB im Zuge der Veranlagung der Steuerpflichtigen oder zB aus der Durchführung einer Betriebsprüfung (nunmehr vom Gesetzgeber umbenannt in Außenprüfung).

Treten im Zuge der steuerlichen Veranlagung eines Steuerpflichtigen Ungereimtheiten auf, so ergeht regelmäßig ein Vorhalt zwecks Aufklärung an den Steuerpflichtigen. Tauchen im Zuge eines derartigen Vorhaltsverfahrens Verdachtsmomente zB im Hinblick auf Steuerhinterziehung auf, so wird regelmäßig eine Anzeige an die Finanzstrafbehörde erfolgen.

Die Organe der Betriebsprüfung entsprechen ihrer gesetzlichen Anzeigepflicht im Hinblick auf mögliche Finanzvergehen in der Weise, dass die BP-Berichte allesamt zur Auswertung an die Finanzstrafbehörde übermittelt werden. Nach der einschlägigen Dienstanweisung kann der Prüfer – er muss aber nicht – in einem Aktenvermerk mögliche Verdachtsmomente festhalten. Derartige Aktenvermerke über finanzstrafrechtlich bedeutsame Sachverhalte werden vom Betriebsprüfer eher ausnahmsweise verfasst, was bedeutet, dass die Finanzstrafbehörde bei der Verdachtsfindung aus den BP-Berichten letztlich auf den BP-Bericht (inkl. Niederschrift etc) angewiesen ist. Ob diese Verdachtsmomente aus diesen BP-Unterlagen abgeleitet werden können, hängt somit wesentlich vor der Ausführlichkeit der Prüfungsberichte sowie von den personellen Ressourcen der jeweiligen Finanzstrafbehörde ab. Die Intensität der strafrechtlichen Auswertung der BP-Berichte ist von Finanzamt zu Finanzamt oft sehr unterschiedlich.

Die abgabenrechtliche Geheimhaltungspflicht steht einer derartigen Information (Anzeige) an die Finanzstrafbehörde nicht entgegen. Im Gegenteil, das Gesetz ordnet derartige Informationen verpflichtend an.

Nicht nur die Finanzämter, sondern auch alle Dienststellen der Gebietskörperschaften mit behördlichem Aufgabenbereich, alle Gebietskrankenkassen und das Arbeitsmarktservice sind verpflichtet, Finanzvergehen bei der Finanzstrafbehörde anzuzeigen. Auch ein Gericht (zB ein Zivilgericht) ist verpflichtet ein Finanzvergehen anzuzeigen. Bei Verfahren vor den Arbeits- und Sozialgerichten, oder zB im Zuge eines Ehescheidungsverfahrens können Verdachtsmomente (ausbezahlte Schwarzlöhne, nicht erklärte Schwarzeinnahmen) auftreten, die dann das Gericht zur Anzeige verpflichten. Nicht selten verweist der unterhaltsbegehrende geschiedene Ehegatte im Zuge des Scheidungsverfahrens auf die hohen Schwarzeinnahmen seines geschiedenen Ehepartners.

Nach unserer Erfahrungen kommen die Zivilgerichte dieser Anzeigepflicht nur teilweise nach.

Eine große Anzahl von Finanzstrafverfahren wird durch Anzeigen von Personen ausgelöst, die mit dem Angezeigten in Konflikt stehen, sich beim Angezeigten rächen wollen etc. Anzeigen bei der Finanzstrafbehörde oder auch direkt bei der Staatsanwaltschaft sind leider ein weitverbreitetes Druck- oder Erpressungsmittel. Gleich ob der geschiedene Ehegatte, der sich im Unterhaltsstreit unfair behandelt fühlt, oder im Ärger ausgeschiedene Mitarbeiter, oder neidige mit dem Steuerpflichtigen in Streit befindliche Nachbarn, in vielen Fällen gipfelt der Racheakt mit einer Anzeige eines Steuerdelikts. Diese sehr effiziente Möglichkeit Druck auszuüben, wird zunehmend auch unter Konkurrenten im Wirtschaftsleben eingesetzt. Diese in der Praxis sehr erhebliche Ursache für den Beginn strafrechtlicher Ermittlungen macht es letztendlich unmöglich, Aufdeckungsrisiken von Steuerhinterziehungen auch nur einigermaßen zu quantifizieren. Auch wenn eine Anzeige – was in der Praxis sehr häufig ist – anonym erfolgt, wird die Finanzstrafbehörde den Verdachtsmomenten nachgehen, wenn sie einigermaßen glaubwürdig und konkret sind.

5.3 Zuständigkeit im Finanzstrafverfahren

5.3.1 Gerichtliche Zuständigkeit

Hat der Täter mehr als EUR 75.000,00 hinterzogen, so ist das Gericht zuständig. Hinterziehungsbeträge über mehrere Jahre werden, wie oben dargestellt, zusammengerechnet. Ausnahmsweise ist das Gericht auch für Hinterziehungen unter EUR 75.000,00 zuständig, wenn sich ein Dritter an Steuerhinterziehungen, für die Gerichtszuständigkeit besteht, beteiligt hat. Hat der Täter, der eine gerichtszuständige Steuerhinterziehung begangen hat, darüber hinaus auch noch fahrlässige Abgabenverkürzungen begangen, dann hat das Gericht ausnahmsweise auch diese abzuurteilen (vgl B.I.22.1.5).

Für die Ahndung von bloßen Ordnungswidrigkeiten ist das Gericht in keinem Fall zuständig.

5.3.2 Verwaltungsbehördliche Zuständigkeit

Soweit eine Steuerhinterziehung nicht von den Gerichten abzuurteilen ist, sind die Finanzstrafbehörden zuständig. Betragen die hinterzogenen Steuern weniger als EUR 22.000,00, so ist für die Fällung des Erkenntnisses der Einzelbeamte zuständig, andernfalls der Spruchsenat. Der Spruchsenat besteht aus einem Berufsrichter und zwei unabhängigen Laienbeisitzern. Auch wenn die Grenze für die Zuständigkeit des Spruchsenats nicht erreicht wird, kann der Beschuldigte beantragen, dass sein Fall vom Spruchsenat abgehandelt wird. Ein derartiger Antrag auf Zuständigkeit des Spruchsenates ist bis zur mündlichen Verhandlung möglich und wird sich insbesondere dann empfehlen, wenn absehbar ist, dass mit dem zuständigen Einzelbeamten kein sachgerechtes Ergebnis erzielt werden kann. Dies kann regelmäßig im Rahmen eines informellen Vorgespräches mit dem zuständigen Einzelbeamten festgestellt werden.

Ist der Sachverhalt ausreichend geklärt und ist die Senatszuständigkeitsgrenze (Verkürzung unter EUR 22.000,00) nicht überschritten, so kann auch ein sogenanntes vereinfachtes Verfahren (vgl B.I.22.3) stattfinden. Im Zuge dieses Verfahrens ergeht eine Strafverfügung, die vom Betroffenen mittels Einspruch außer Kraft gesetzt werden kann. Nach dem Einspruch geht das Verfahren den oben dargestellten Lauf. Im Fall des

Einspruchs besteht allerdings kein Verschlechterungsverbot, dh die Strafe kann im anschließenden Verfahren auch strenger als in der bekämpften Strafverfügung ausfallen. Soll der Spruchsenat zuständig sein, so muss das in diesem Fall schon im Einspruch beantragt werden.

5.4 Verwaltungsbehördliches/gerichtliches Ermittlungsverfahren

5.4.1 Ermittlungsverfahren im verwaltungsbehördlichen Finanzstrafverfahren

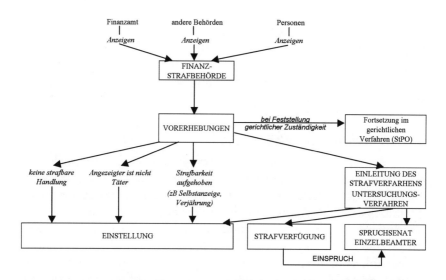

Die Finanzstrafbehörden haben zu prüfen, ob aufgrund einer Anzeige genügend Verdachtsgründe für die Einleitung eines Finanzstrafverfahrens gegeben sind. Im Rahmen der Vorerhebungen können Auskunftspersonen befragt werden oder auch zB strafrechtliche Prüfungen angeordnet werden. Bei entsprechend konkreten Verdachtsmomenten gegen eine bestimmte Person kommen auch Zwangsmaßnahmen, wie zB Hausdurchsuchungen in Betracht. Die Anordnung einer Hausdurchsuchung bedarf eines Hausdurchsuchungsbefehls, der vom Vorsitzenden des zuständigen Spruchsenates auszustellen ist. Ausnahmsweise bedarf es bei Gefahr in Verzug keiner richterlichen Anordnung. Im Zuge des gesamten Finanzstrafverfahrens und insbesondere bei Durchführung von Zwangsmaßnahmen ist die Verhältnismäßigkeit zu wahren. Dem Beschuldigten kommt auch schon in dieser Phase des Verfahrens grundsätzlich das Recht auf Akteneinsicht zu. Aktenstücke dürfen nur ausnahmsweise von der Akteneinsicht ausgeschlossen werden (wenn besondere Umstände befürchten lassen, dass deren Kenntnis die Untersuchung erschweren würde).

Ergibt sich im Zuge der Vorerhebung kein ausreichender Verdacht für die Einleitung eines Finanzstrafverfahrens, so ist das Verfahren einzustellen. Dies ist zB der Fall, wenn die Tat voraussichtlich nicht erwiesen werden kann. Vielfach wird der Verdächtige schon vor Einleitung eines Finanzstrafverfahrens aufgefordert, sich schriftlich zu rechtfertigen; gelingt es durch die Rechtfertigung den Verdacht zu entkräften, ist das Verfahren einzustellen. In gleicher Weise ist das Finanzstrafverfahren einzustellen, wenn zB die Tat kein Finanzvergehen darstellt, oder wenn zB Strafausschließungsgründe oder Strafaufhebungsgründe der Verfolgung entgegen stehen (vgl A.I.4.2.10; B.I.15; B.I.16). Dies ist insbesondere der Fall, wenn die Tat verjährt ist, oder rechtzeitig eine strafaufhebende Selbstanzeige erstattet wurde. Auch wenn der Verdächtige zB einem Irrtum über die steuerliche Beurteilung unterlegen ist, kommt eine Einleitung wegen Abgabenhinterziehung nicht in Betracht.

War dieser Irrtum allerdings verschuldet, kann das Verfahren fortgesetzt werden, zwecks Ahndung einer fahrlässigen Abgabenverkürzung (zur Relevanz des Irrtums vgl A.I.4.2.6; B.I.12). In machen Fällen gehen aus Anzeigen derart konkrete und glaubwürdige Verdachtsmomente hervor, dass sofort ein Finanzstrafverfahren eingeleitet wird. Im Fall eines Verdachtes auf Hinterziehung ergeht ein Einleitungsbescheid. Im Einleitungsbescheid muss das dem Beschuldigten zur Last gelegte Verhalten beschrieben werden und der Verdacht auch im Hinblick auf die subjektive Tatseite (Vorsatz) muss plausibel begründet werden. Der Beschuldigte kann gegen den Einleitungsbescheid Beschwerde führen, was aber nur dann sinnvoll sein wird, wenn der Verdacht eindeutig und klar widerlegt und somit rasch eine Einstellung des Verfahrens erwirkt werden kann. In anderen Fällen, in denen das Bestehen des Verdachtes nicht so klar in Abrede gestellt werden kann, ist eine Beschwerde gegen den Einleitungsbescheid unzweckmäßig, weil sie letztendlich nur dazu führen wird, dass die Beschwerdeerledigung das Bestehen des Verdachtes bestätigt. Besteht nur ein Verdacht im Hinblick auf eine fahrlässige Abgabenverkürzung, erfolgt keine bescheidmäßige Einleitung des Verfahrens, sondern nur eine Einleitungsverfügung, die aber ebenfalls dem Beschuldigten übermittelt wird.

Die Einleitung eines Strafverfahrens stellt eine Verfolgungshandlung dar, die den Lauf der Verjährungsfrist hemmt und auch ab diesem Zeitpunkt eine strafaufhebende Selbstanzeige für die verfolgte Tat ausschließt. Liegen die Voraussetzungen für die Erledigung im Rahmen eines vereinfachten Verfahrens vor (vgl B.I.22.3), so bedarf es keiner Verfahrenseinleitung. Eine im Rahmen eines vereinfachten Verfahrens ergehende Strafverfügung kann durch unbegründeten bloßen Einspruch aus dem Rechtsbestand eliminiert werden; in diesem Fall ist das normale finanzstrafbehördliche Ermittlungsverfahren durchzuführen. Ergeben die finanzstrafbehördlichen Vorerhebungen, dass für die Tat Gerichtszuständigkeit besteht (vgl B.I.22.1.3), so ergibt sich durch die Finanzstrafgesetznovelle ab 1. 1. 2008 eine grundlegende Änderung: Die Behörde hat nicht wie vor 1. 1. 2008 das Vergehen bei Gericht anzuzeigen und zu warten bis sie mit weiteren Ermittlungen beauftragt wird, sondern die Behörde hat nunmehr eigenständig, so wie die Kriminalpolizei bei allgemeinen Straftaten, im gerichtlichen Verfahren unter Anwendung der Strafprozessordnung zu ermitteln. Der Finanzstrafbehörde kommen dabei ausdrücklich die gleichen Befugnisse wie der Kriminalpolizei zu. Die Kriminalpolizei wäre nur ausnahmsweise für einschlägige Ermittlungen zuständig, wenn zB auch der Tatbestand einer sonstigen strafbaren Handlung erfüllt erscheint. Die Finanzstrafbehörde hat die gesetzlich vorgesehenen Berichtspflichten an die Staatsanwaltschaft zu beachten (Anfallsbericht, Anlassbericht, Zwischenbericht und Abschlussbericht, vgl A.I.5.4.3).

Nach Einleitung des Strafverfahrens wird im Rahmen des Untersuchungsverfahrens der maßgebende Sachverhalt von Amts wegen ermittelt; den Beschuldigten ist Gelegenheit zu geben, ihre Rechte und rechtlichen Interessen geltend zu machen. Wie im Rahmen der Vorerhebungen können auch im Rahmen des Untersuchungsverfahrens Beschuldigte vernommen und andere Beweisaufnahmen jeder Art durchgeführt werden. Auch Dienststellen der Gebietskörperschaften und anderer Körperschaften öffentlichen Rechts können von der Finanzstrafbehörde um Auskunft ersucht werden. Beschuldigte dürfen an der Beweisaufnahme grundsätzlich teilnehmen, können aber ausgeschlossen werden, wenn besondere Umstände gegen ihre Beteiligung sprechen. Wird der Beschuldigte von der Beweisaufnahme ausgeschlossen, besteht dagegen kein wirksamer Rechtsschutz.

Das Untersuchungsverfahren endet entweder mit bescheidmäßiger Einstellung, wenn zB die Tat nicht erwiesen werden kann, oder die Strafbarkeit aus bestimmten Gründen ausgeschlossen ist (zB in Folge Verjährung oder Selbstanzeige). In diesem Fall hat ein Einstellungsbescheid zu ergehen. Endet das Untersuchungsverfahren nicht mit Einstellung, dann hat der Vorstand der Finanzstrafbehörde bei Spruchsenatszuständigkeit einen Amtsbeauftragten zu bestellen, dem faktisch die Funktion der Anklagevertretung zukommt. Je nach dem, ob der Einzelbeamte oder der Spruchsenat zuständig wird, wird in der Folge der Akt an den zuständigen Einzelbeamten oder den Spruchsenat übermittelt. Anschließend ist, wenn nicht ausnahmsweise ein vereinfachtes Verfahren und eine Strafverfügung ergeht, eine mündliche Verhandlung anzusetzen und die Parteien des Verfahrens zu laden.

5.4.2 Beweismittel bei Vorerhebungen der Finanzstrafbehörde

Von der Durchführung von Vorerhebungen erlangt der Beschuldigte vielfach erst verspätet Kenntnis. Zwar muss jeder Beschuldigte, sobald wie möglich, über das gegen ihn geführte Ermittlungsverfahren und den gegen ihn bestehenden Verdacht informiert und über seine Rechte belehrt werden; diese Informationen dürfen aber ausnahmsweise so lange unterbleiben, wenn besondere Umstände den Zweck der Ermittlungen gefährden würden.

Gerade dann, wenn zB Zwangsmittel wie eine Hausdurchsuchung geplant sind, unterbleibt eine Information des Beschuldigten um das Überraschungsmoment nicht zu gefährden. Die Befugnisse der Finanzstrafbehörden im Zuge der Vorerhebungen sind umfassend: Es können Auskunftsersuchen an Auskunftspersonen gestellt werden, strafrechtliche Prüfungen durchgeführt werden, Zeugen und Beschuldigte vernommen werden und zB auch Auskünfte von Telekommunikationsdiensten über Namen, Anschrift und Teilnehmernummer eines bestimmten Anschlusses eingeholt werden.

Der Beschuldigte ist berechtigt, die Aussage zu verweigern; wenn er aussagt, trifft ihn keine Wahrheitspflicht. Er darf aber jedoch durch den Inhalt seiner Aussagen keine strafbare Handlung begehen, so darf er zB eine andere Person nicht wissentlich fälschlich einer strafbaren Handlung bezichtigen und diese Person der Gefahr der behördlichen Verfolgung aussetzen (falsche Verdächtigung).

Wird der Beschuldigte zur Vernehmung geladen und ist ihm nicht ausdrücklich sein persönliches Erscheinen aufgetragen, kann er sich bei der Vernehmung durch seinen Verteidiger vertreten lassen. Als Verteidiger kommen im verwaltungsbehördlichen Verfahren neben den Rechtsanwälten auch Wirtschaftstreuhänder in Betracht. Leistet der Verdächtige einer Ladung, die sein persönliches Erscheinen ausdrücklich verlangt, nicht Folge, kann er zwangsweise vorgeführt werden. Auch in diesem Fall kann er von seinem Aussageverweigerungsrecht Gebrauch machen.

Ein (reumütiges) Geständnis kann einen wesentlichen Strafmilderungsgrund darstellen; je früher dieses Geständnis abgelegt wird, umso eher kommt eine Strafmilderung in Betracht. Der Beschuldigte darf bei seiner Vernehmung einen Verteidiger beiziehen, der sich allerdings an der Vernehmung nicht beteiligen, sondern nur im Anschluss ergänzende Fragen stellen darf. Wesentliche Aufgabe des Verteidigers ist es, darauf zu achten, dass eine korrekte und vollständige Protokollierung erfolgt und im Zuge der Vernehmung die verfahrensrechtlichen Bestimmungen eingehalten werden (Verbot von Fangfragen, Verpflichtung Suggestivfragen wörtlich zu protokollieren, etc).

Andere Personen als der Beschuldigte können als Auskunftspersonen oder Zeugen vernommen werden. In beiden Fällen ist die Auskunft wahrheitsgemäß, vollständig und nach bestem Wissen und Gewissen zu erteilen. Der Zeuge muss Aufforderungen zur schriftlichen Zeugenaussage oder auch Ladungen zur Aussage der Behörde Folge leisten. Bei Nichtbeachtung können Zwangsstrafen verhängt werden. Für Angehörige des Beschuldigten, Personen, die sich selbst der Gefahr strafgerichtlicher oder finanzstrafbehördlicher Verfolgung aussetzen würden und Personen denen eine berufsmäßige Verschwiegenheitspflicht auferlegt ist (wie zB Rechtsanwälte, Wirtschaftstreuhänder und Banken) kommt ein Aussageverweigerungsrecht zu. Wird von diesem Aussageverweigerungsrecht Gebrauch gemacht, so muss der Finanzstrafbehörde das Vorliegen der gesetzlichen Voraussetzungen glaubhaft gemacht werden.

Werden zB Mitarbeiter eines Unternehmens im Zusammenhang mit dem Verdacht einer Steuerhinterziehung des Geschäftsführers vernommen und waren die Mitarbeiter in die verdachtsrelevanten Vorgänge eingebunden, so besteht die Gefahr, dass sie sich im Fall der Aussage einer Beteiligung an der Steuerhinterziehung selbst bezichtigen; in diesem Fall steht dem Mitarbeiter ein Aussageverweigerungsrecht zu.

Berufsmäßigen Parteienvertretern steht das Aussageverweigerungsrecht auch dann zu, wenn sie wirksam von der Verschwiegenheitspflicht entbunden wurden. Ein Bankmitarbeiter, der aufgrund des Bankgeheimnisses zur Verschwiegenheit verpflichtet ist, ist zur Aussage nur verpflichtet, wenn das Bankgeheimnis im Hinblick auf die aufzuklärende Tat durchbrochen ist. Dies ist der Fall, wenn hinsichtlich dieser Abgabenhinterziehung ein Finanzstrafverfahren bescheidmäßig eingeleitet ist. Die Bankmitarbeiter sind auch zur Erteilung von Auskünften über Konten dritter Personen verpflichtet, wenn der Beschuldigte darüber verfügungsberechtigt war und der den Tatverdacht begründende Sachverhalt in einem sachlichen Zusammenhang mit diesem Konto steht.

Besteht im Zuge von finanzstrafbehördlichen Vorerhebungen ein Bedarf komplexere unternehmerische Abläufe zu überprüfen, so wird regelmäßig eine finanzstrafrechtliche Prüfung angeordnet. Wird im Zuge einer (normalen) Betriebsprüfung ein finanzstrafrechtlicher Verdacht (zB im Hinblick auf Steuerhinterziehung) festgestellt, so ist die Prüfung auf eine finanzstrafrechtliche Prüfung umzustellen. Der Beschuldigte ist in diesem Fall berechtigt nicht mehr mitzuwirken bzw die Aussage zu verweigern. Seine Nichtmitwirkung hindert die Behörde aber nicht, die Bemessungsgrundlage – zB im Wege der Schätzung – festzusetzen. Derartige Festsetzungen im Wege der Schätzung können aber nur dann strafrechtlich als Hinterziehung geahndet werden, wenn die Schätzung strafrechtlichen Beweisanforderungen genügt, dh wenn der Richter vom vollen Beweis, dass diese Beträge hinterzogen worden sind, überzeugt ist.

Die Feststellung der Tatsachen, die für die Abgabenbemessung erforderlich sind, bedarf im Finanzstrafverfahren häufig besonderer Sachkunde, sodass vielfach Gutachten von Sachverständigen eingeholt werden (zB zur Ermittlung der Höhe der Abgabenverkürzung).

Das Finanzstrafgesetz sieht ausdrücklich Beweisverwertungsverbote vor: Demnach darf das Straferkenntnis auf Beweise, die unter Verletzung bestimmter Normen des Finanzstrafgesetzes gewonnen wurden, nicht gestützt werden. Derartige Verwertungsverbote bestehen zB für Unterlagen für die das Bankgeheimnis nicht durchbrochen ist oder zB für die einschlägige Korrespondenz mit dem Rechtsanwalt oder Steuerberater, sofern sie beim Rechtsanwalt/Steuerberater beschlagnahmt werden. Diesen Beweisverwertungsverboten kommt letztendlich nur bescheidene Bedeutung zu, weil die Beweisverwertungsverbote nicht verhindern, dass diese gesperrten Beweise zur Findung neuer Beweismittel verwendet werden, auf die das Erkenntnis dann gestützt werden darf (kein Verwertungsverbot für Folgebeweise).

5.4.3 Ermittlungsverfahren im gerichtlichen Finanzstrafverfahren

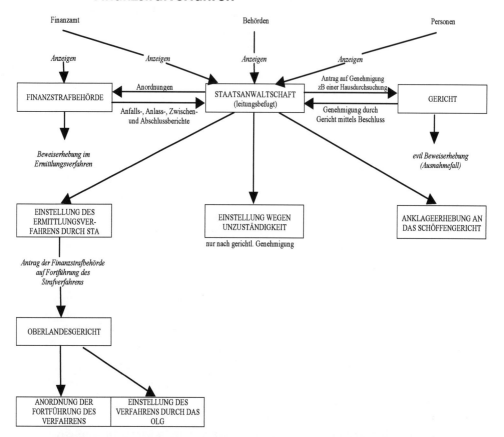

Das gerichtliche Vorverfahren wurde mit der am 1. 1. 2008 in Kraft tretenden Strafprozessreformgesetz völlig neu geregelt. Die Finanzstrafgesetznovelle 2007 setzt diese Regelungen nunmehr im Finanzstrafprozess um. Der Finanzstrafbehörde kommt im Ermittlungsverfahren auch bei Gerichtszuständigkeit eine weitgehende Selbstständigkeit zu. Sie hat die in der StPO im Normalfall der Kriminalpolizei zukommende Funktion zu erfüllen und hat auch alle Befugnisse der Kriminalpolizei. Demnach ermittelt sie von Amts wegen; eine Anzeige von Finanzvergehen an die Staatsanwaltschaft kommt nicht mehr in Betracht. Die Leitung des Ermittlungsverfahrens obliegt der Staatsanwaltschaft, die über den Fortgang oder die Beendigung des Verfahrens entscheidet.

Findet die Finanzstrafbehörde, dass für die Finanzstrafsache das Gericht zuständig ist, dann führt sie die nach den Verfahrensvorschriften des FinStrG begonnenen Ermittlungen weiter und hat in der Folge die StPO und die entsprechenden Ergänzungsbestimmungen des FinStrG anzuwenden.

Das Ermittlungsverfahren dient dazu, Sachverhalt und Tatverdacht durch Ermittlungen soweit zu klären, dass die Staatsanwaltschaft über Anklage, Rücktritt von der Verfolgung oder Einstellung des Verfahrens entscheiden kann und im Fall der Anklage eine zügige Durchführung der Hauptverhandlung ermöglicht wird. Will der Staatsanwalt das Verfahren wegen Unzuständigkeit des Gerichtes einstellen, hat er die Entscheidung des Gerichtes einzuholen. Dem Gericht kommt im Ermittlungsverfahren nur eine ausnahmsweise Zuständigkeit zu, so insbesondere bei Bewilligung von Zwangsmaßnahmen wie Untersuchungshaft oder Hausdurchsuchung. Eine gerichtliche Beweisaufnahme hat nur zu erfolgen, wenn an der Strafsache ein besonderes öffentliches Interesse besteht.

Die Finanzstrafbehörde hat der Staatsanwaltschaft über ihre Ermittlungstätigkeit Bericht zu erstatten. Dadurch wird dem Staatsanwalt die Leitung des Ermittlungsverfahrens ermöglicht.

Das Gesetz sieht folgende Berichte der Finanzstrafbehörde an das Gericht vor:

— Einen Anfallsbericht, wenn die Finanzstrafbehörde wegen des Verdachts einer strafbaren Handlung ermittelt, die mit mehr als 5 Jahren Freiheitsstrafe bedroht ist oder wenn an der Strafsache öffentliches Interesse besteht. Dies wird regelmäßig für Steuerhinterziehung nur in Frage kommen, wenn eine schwere gewerbsmäßige Abgabenhinterziehung vorliegt, bei der der Verkürzungsbetrag mehr als EUR 3 Mio beträgt.
— Ein Anlassbericht, wenn eine Anordnung oder Genehmigung des Staatsanwaltes bzw eine Entscheidung des Gerichtes erforderlich oder zweckmäßig ist, bzw die Staatsanwaltschaft einen solchen Bericht verlangt.
— Ein Zwischenbericht ist zu erstatten, wenn das Ermittlungsverfahren bereits 3 Monate dauert oder seit dem letzten Bericht 3 Monate vergangen sind. Somit kann die Finanzstrafbehörde nach Erkennen der gerichtlichen Zuständigkeit grundsätzlich 3 Monate weitgehend selbstständig ermitteln, ohne die Staatsanwaltschaft zu informieren.

- Den Abschlussbericht hat die Finanzstrafbehörde zu erstatten, wenn Sachverhalt und Tatverdacht soweit geklärt erscheinen, dass das Ermittlungsverfahren zu beenden ist.

Die Finanzstrafbehörde hat die Anordnungen der Staatsanwaltschaft zu befolgen.

Die Staatsanwaltschaft kann sich auch an den Ermittlungen der Finanzstrafbehörde beteiligen und dieser Aufträge erteilen. Darüber hinaus kann die Staatsanwaltschaft auch selbst Ermittlungen durchführen oder durch einen Sachverständigen durchführen lassen. Auch im gerichtlichen Ermittlungsverfahren hat der Beschuldigte das Recht auf Akteneinsicht. Bestimmte Aktenteile können wiederum von der Einsicht ausgenommen werden, wenn aufgrund besonderer Umstände zu befürchten ist, dass durch ihre Kenntnisnahme der Untersuchungszweck gefährdet wäre.

Das Gericht hat über Anträge der Staatsanwaltschaft auf Verhängung und Fortsetzung der Untersuchungshaft, sowie über die Bewilligung bestimmter anderer Zwangsmittel (zB Hausdurchsuchung, Kontoeröffnung, usw), zu entscheiden. Für die Durchsetzung von derartigen – vom Gericht zu bewilligenden Maßnahmen – hat das Gericht eine Frist zu setzen. Wird diese Frist nicht genutzt, dann tritt die Bewilligung mit Ablauf der Frist außer Kraft.

Die Staatsanwaltschaft benötigt für die Einstellung des Ermittlungsverfahrens wegen Unzuständigkeit die Genehmigung des Gerichtes. Kommt der Staatsanwalt zum Ergebnis, dass der zu prüfende Sachverhalt überhaupt keinen Verdacht eines Finanzvergehens begründet, kann er ohne Genehmigung das Strafverfahren einstellen. In diesem Fall kann die Finanzstrafbehörde die Fortführung des vom Staatsanwalt eingestellten Ermittlungsverfahrens beantragen. Wenn die Staatsanwaltschaft in diesem Fall nicht die Fortführung des Verfahrens anordnet, dann ist der Antrag dem OLG vorzulegen. Dieses entscheidet, ob dem Antrag der Finanzstrafbehörde stattzugeben ist.

Der Finanzstrafbehörde kommen damit wesentliche, in der StPO geregelte Opferrechte zu.

Wenn der Staatsanwalt aufgrund ausreichend geklärten Sachverhaltes eine Verurteilung für naheliegend erachtet und kein Grund für die Einstellung des Verfahrens oder den Rücktritt von der Strafverfolgung vorliegt, so hat er beim Landesgericht als Schöffengericht die Anklageschrift einzubringen; damit beginnt das Hauptverfahren.

5.4.4 Beweismittel im gerichtlichen Ermittlungsverfahren

Die Bestimmungen in der StPO über die Vernehmung des Beschuldigten und über die Vernehmung von Zeugen entsprechen weitgehend den Regelungen im FinStrG. Wie im finanzbehördlichen Verfahren haben Zeugen einer Vorladung Folge zu leisten, widrigenfalls sie vorgeführt werden können. Verweigert ein erschienener Zeuge ohne von der Rechtsordnung gebilligte Weigerungsrechte die Aussage, dann können über ihn empfindliche Sanktionen verhängt werden (Beugestrafe bis zu EUR 10.000,00 und in wichtigen Fällen auch eine Beugehaft bis zu 6 Wochen). Auch im gerichtlichen Finanzstrafverfahren werden finanzstrafrechtliche Prüfungen durch die Organe der Finanzverwaltung und nicht durch das Gericht vorgenommen. Diese Prüfungen sind nach den spezifischen Bestimmungen der BAO vorzunehmen. Im Übrigen gilt die StPO.

Ausdrückliche Beweisverwertungsverbote sieht die StPO nur ausnahmsweise vor (so zB für den Inhalt beschlagnahmter Briefe, wenn die Beschlagnahme materiell oder formell nicht rechtmäßig bewilligt oder angeordnet wurde).

Die Verwertung von Beweisergebnissen, die unter Verletzung bestimmter wesentlicher Verfahrensvorschriften erlangt wurden, ist ausdrücklich mit Nichtigkeit sanktioniert. So zB die Verletzung des Verbots der Vernehmung als Zeuge oder der Verletzung oder Umgehung des Aussageverweigerungsrechtes berufsmäßiger Parteienvertreter. Nicht mit Nichtigkeit sanktioniert ist das Gebot, dass der Beschuldigte weder durch Versprechungen oder Vorspiegelungen, noch durch Drohungen oder Zwangsmittel zu Geständnissen oder anderen bestimmten Angaben bewegt werden darf. Die Nichtigkeitsfolge ist für den Betroffenen wenig effizient geregelt, weil nur das Urteil auf dieses Beweismittel nicht gestützt werden darf, aber sehr wohl zur Gewinnung von Folgebeweisen verwendet werden kann.

5.4.5 Zwangsmittel

5.4.5.1 Zwangsmittel im verwaltungsbehördlichen Finanzstrafverfahren

Als Zwangsmittel kommen Haft, Beschlagnahme und Hausdurchsuchung in Frage. Die Möglichkeit, den Beschuldigten in Haft zu nehmen, besteht zwar grundsätzlich auch im finanzbehördlichen Finanzstrafverfahren, wird aber schon rein aus Verhältnismäßigkeitserwägungen die große Ausnahme sein. Sowohl Verwahrungs- als auch Untersuchungshaft bedürfen der Anordnung durch Bescheid des Vorsitzenden des zuständigen Spruchsenats. Aufgrund mangelnder Praxisrelevanz wird auf die Darstellung von Einzelheiten in Zusammenhang mit der Verhängung von Haft im finanzbehördlichen Verfahren verzichtet.

Der Beschlagnahme unterliegen insbesondere Beweismittel. Die Beschlagnahme ist mit Bescheid des Einzelbeamten zu verfügen.

Voraussetzung für die Zulässigkeit der Beschlagnahme ist das Vorliegen eines konkreten Tatverdachtes wegen eines Finanzvergehens. Die Beschlagnahme muss geboten sein; sie scheidet demnach aus, wenn der Inhaber der in Beschlag zu nehmenden Sache bereit ist, diese freiwillige herauszugeben. Eine Beschlagnahme von Beweisgegenständen kommt nicht nur beim Beschuldigten, sondern auch bei dritten Personen in Betracht. Häufig werden Beschlagnahmen im Zuge von Hausdurchsuchungen vorgenommen. In diesem Fall inkludiert der Hausdurchsuchungsbefehl auch das Recht zur Beschlagnahme von geeigneten Beweismitteln.

Eine Hausdurchsuchung, die ganz wesentlich in das verfassungsgesetzlich geschützte Hausrecht eingreift, ist nur zulässig, wenn der Eingriff (im Hinblick auf die angelastete Straftat und die Dringlichkeit des Verdachtes) verhältnismäßig ist.

Voraussetzung für eine Hausdurchsuchung ist der konkrete Verdacht eines bestimmten Finanzvergehens. Die Hausdurchsuchung darf nicht vorgenommen werden, um Verdachtsgründe erst zu Tage zu fördern.

Die Hausdurchsuchung muss durch einen Hausdurchsuchungsbefehl angeordnet werden; zuständig ist der Vorsitzende des zuständigen Spruchsenates. Im Hausdurchsuchungsbefehl ist die Berechtigung des Eingriffes zu begründen und anzuordnen, was durch die Hausdurchsuchung an Beweismitteln gesucht werden soll.

Das BMF hat mit einem ausführlichen Erlass umfangreiche Anordnungen getroffen, wie im Fall einer Hausdurchsuchung einerseits die Verhältnismäßigkeit zu wahren ist und andererseits die Rechte der Betroffenen zu achten sind. So ist der Betroffene berechtigt, mit seinem Parteienvertreter (Rechtsanwalt, Wirtschaftstreuhänder) Kontakt aufzunehmen und ihn zu beauftragen, an der Hausdurchsuchung teilzunehmen. In diesem Fall ist mit dem Beginn der Hausdurchsuchung tunlichst zuzuwarten, bis der Parteienvertreter eingetroffen ist. Ein sofortiger Beginn der Hausdurchsuchung ist nur zulässig, wenn andernfalls der Zweck der Durchsuchung gefährdet wäre.

Zum Verhalten bei einer Hausdurchsuchung vgl A.I.5.7.

5.4.5.2 Zwangsmittel im gerichtlichen Finanzstrafverfahren

Anders als im finanzbehördlichen Finanzstrafverfahren kommt eine Haft bei gerichtszuständigen, schwerwiegenden Finanzvergehen in der Praxis durchaus in Betracht. Voraussetzung ist das Vorliegen eines dringenden Tatverdachtes sowie eines Haftgrundes. Als Haftgrund kommt Fluchtgefahr, Verdunkelungsgefahr oder Tatbegehungsgefahr in Frage. Fluchtgefahr ist jedenfalls nicht anzunehmen, wenn die verdachtsbegründende Straftat nicht strenger als mit 5-jähriger Freiheitsstrafe bedroht ist. Das wird im Fall des Verdachtes einer Steuerhinterziehung nur dann der Fall sein, wenn die Höhe der Hinterziehung EUR 3 Mio übersteigt. Diese Beschränkung gilt allerdings dann nicht, wenn der Beschuldigte bereits Vorbereitungen zur Flucht getroffen hat.

Die Verhängung der Untersuchungshaft scheidet aus, wenn der Haftzweck durch die Anwendung gelinderer Mittel erreicht werden kann. Als gelinderes Mittel käme insbesondere das Gelöbnis in Frage, zB keinen Versuch zu unternehmen, die Ermittlungen zu erschweren. Die Festnahme durch Organe der Finanzstrafbehörde bedarf, ausgenommen bei Gefahr im Verzug, der staatsanwaltschaftlichen Anordnung, die aufgrund einer gerichtlichen Bewilligung zu erfolgen hat.

Für die gesamte Dauer der Untersuchungshaft muss der Beschuldigte einen Verteidiger haben. Auf eine nähere Darstellung zur Untersuchungshaft wird im gegebenen Zusammenhang verzichtet. Der Verdächtige ist in diesem Fall auf die Beratung und Unterstützung seines Verteidigers angewiesen.

Die Finanzstrafbehörde kann auf Anordnung der Staatsanwaltschaft Beweismittel sicherstellen. Personen, die sicherzustellende Gegenstände in ihrer Verfügungsmacht haben, sind verpflichtet, diese auf Verlangen der Finanzstrafbehörde herauszugeben. Der Sicherstellung kann effizient nur von einer gesetzlich zur Verschwiegenheit verpflichteten Person widersprochen werden; in diesem Fall sind die Unterlagen dem Gericht versiegelt vorzulegen, das Gericht hat zu entscheiden, ob und in welchem Umfang die Sicherstellung aufrecht erhalten wird. Wird die Sicherstellung nicht von der Finanzstrafbehörde selbst oder über Anordnung der Staatsanwaltschaft aufgehoben, dann bleibt sie aufrecht, bis das Gericht die Beschlagnahme anordnet. Die Staatsanwaltschaft hat nach Sicherstellung beim Gericht einen Antrag auf Beschlagnahme zu stellen, über den das Gericht unverzüglich zu entscheiden hat. Im Zuge des gerichtlichen Finanzstrafverfahrens kann auch eine Auskunft über Bankkonten und Bankgeschäfte durch den Staatsanwalt, aufgrund einer gerichtlichen Bewilligung, angeordnet werden.

Eine Hausdurchsuchung (nunmehr „Durchsuchung von Orten und Gegenständen" in der StPO benannt) inkludiert das Recht zur Sicherstellung von Beweismitteln.

Eine Durchsuchung ist aufgrund einer gerichtlichen Bewilligung von der Staatsanwaltschaft anzuordnen. Bei Gefahr in Verzug kann die Finanzstrafbehörde eine solche Durchsuchung vorläufig ohne Anordnung und Bewilligung vornehmen. Im Fall einer Hausdurchsuchung genießt der Betroffene keinen effizienten Rechtsschutz. Alle Unterlagen, die gefunden werden – auch wenn sie vom Hausdurchsuchungsbefehl nicht erfasst sind – können ausgewertet werden. Wenn der Betroffene nachträglich mit einer Beschwerde durchdringt und sich die Hausdurchsuchung im Nachhinein als rechtswidrig herausstellt, sind trotzdem die sichergestellten Beweisgegenstände regelmäßig verwertbar. Eine Ausnahme gilt nur bei der Hausdurchsuchung bei Personen, die einer gesetzlichen Verschwiegenheitspflicht unterliegen; diese können die Beschlagnahme effizient, und damit nicht erst im Nachhinein, nachdem die Unterlagen ausgewertet wurden, durch Versiegelung bekämpfen.

Zum Verhalten bei einer Hausdurchsuchung vgl A.I.5.7.

5.4.6 Verwaltungsbehördliches/gerichtliches Erkenntnisverfahren

5.4.6.1 Mündliche Verhandlung im finanzbehördlichen Finanzstrafverfahren

Wurde die Grenze der Senatszuständigkeit nicht erreicht (Verkürzung von weniger als EUR 22.000,00) und hat der Beschuldigte keinen Antrag auf Senatszuständigkeit gestellt, so ist für die mündliche Verhandlung der Einzelbeamte zuständig. Die Verhandlung vor dem Einzelbeamten findet weitgehend formfrei statt und erinnert wenig an ein förmliches Strafverfahren. Der Beschuldigte kann sich durch einen Rechtsanwalt oder Wirtschaftstreuhänder vertreten lassen.

Bei Spruchsenatszuständigkeit übermittelt der Amtsbeauftragte, nach Beendigung des Untersuchungsverfahrens, dem Spruchsenat die Akten mit einer schriftlichen Stellungnahme zum Ergebnis des Untersuchungsverfahrens.

Der Spruchsenat setzt sich aus drei Mitgliedern zusammen. Den Vorsitz führt ein Richter, dem die Leitung der Verhandlung obliegt. Die beiden weiteren Mitglieder sind ein Finanzbeamter und ein Laienbeisitzer.

Alle Mitglieder des Spruchsenates sind in der Ausübung dieser Funktion weisungsfrei. Auf die mündliche Verhandlung vor dem Spruchsenat kann verzichtet werden; dies wird dann empfehlenswert sein, wenn zB eine Verurteilung unabwendbar ist und weitgehende Einigkeit über die Dimension der Sanktion hergestellt werden konnte. Der Beschuldigte kann sich bei der Verhandlung durch den Verteidiger vertreten lassen; er hat allerdings die Ladung zu befolgen, wenn sein persönliches Erscheinen ausdrücklich gefordert wird. Die mündliche Verhandlung vor dem Spruchsenat erfordert für den Fall, dass der Beschuldigte an der Verhandlung teilnimmt, eine sorgfältige Vorbereitung mit dem Verteidiger. Im Zentrum der Verhandlung steht die Vernehmung des Beschuldigten, die in erster Linie durch den Vorsitzenden vorgenommen wird. In der Folge können aber auch die Beisitzer und der Amtsbeauftragte sowie der Verteidiger Fragen stellen. Anschließend werden die übrigen Beweise aufgenommen und insbesondere Zeugen vernommen. Zum Ende der mündlichen Verhandlung erfolgen die Schlussvorträge durch den Amtsbeauftragten und den Beschuldigten bzw dessen Verteidiger. In der Regel wird den Schlussvortrag der Verteidiger und nicht der Beschuldigte ausführen. Repliziert der Amtsbeauftragte auf den Schlussvortrag des Verteidigers, hat jedenfalls der Verteidiger das letzte Wort. Im Anschluss daran zieht sich der Senat zur Beratung zurück und verkündet danach mündlich das Straferkenntnis, das in der Folge schriftlich ausgefertigt wird.

5.4.6.2 Hauptverhandlung im gerichtlichen Finanzstrafverfahren

In Finanzstrafsachen mit gerichtlicher Zuständigkeit obliegt die Durchführung der Hauptverhandlung den Schöffengerichten, die sich aus zwei Berufsrichtern und zwei Laienrichtern (Schöffen) zusammensetzen.

Die Anklageschrift wird vom Staatsanwalt bei dem für das Hauptverfahren zuständigen Landesgericht eingebracht. Dem Vorsitzenden des Schöffengerichtes obliegt die Vorbereitung der Hauptverhandlung.

Im schöffengerichtlichen Verfahren herrscht Verteidigerzwang.

Die Durchführung der Hauptverhandlung in Abwesenheit des Angeklagten ist unzulässig.

Wirtschaftstreuhänder können im gerichtlichen Finanzstrafverfahren nicht als Verteidiger auftreten; der Beschuldigte kann sie jedoch als Beistand beiziehen. Als Beistand kann der Wirtschaftstreuhänder Fragen an Angeklagte, Zeugen und Sachverständige stellen, er kann aber keine Anträge stellen, keine Rechtsmittelerklärungen abgeben und keine Rechtsmittel ausführen. Eine Beiziehung des Wirtschaftstreuhänders als Beistand ist zumindest in komplizierten Finanzstrafsachen unentbehrlich, da dadurch die erforderliche steuerliche und wirtschaftliche Sachkompetenz ins Verfahren eingebracht wird, über die der Verteidiger meist nicht verfügt.

In der Hauptverhandlung herrscht der Unmittelbarkeitsgrundsatz, im Urteil dürfen nur Beweise verwertet werden, die in der Hauptverhandlung tatsächlich aufgenommen wurden.

Zu Beginn der Hauptverhandlung wird der Angeklagte vom Vorsitzenden des Schöffengerichtes über seine persönlichen Daten befragt, insbesondere auch nach seinen Einkommens- und Vermögensverhältnissen, da auf diese im Falle der Verurteilung bei der Bemessung einer Geldstrafe Bedacht zu nehmen ist. Anschließend erteilt er dem Staatsanwalt das Wort zum Vortrag der Anklage. Der Verteidiger hat das Recht auf den Vortrag der Anklage mit einer Gegenäußerung zu antworten.

Es folgt die Vernehmung des Angeklagten durch den Vorsitzenden. Der Angeklagte hat das Recht, der Anklage eine zusammenhängende Erklärung des Sachverhaltes entgegen zu stellen; er kann sich aber auch darauf beschränken, was meist der Fall ist, Fragen des Vorsitzenden zu beantworten.

Der Angeklagte darf sich während der Hauptverhandlung und auch während seiner Vernehmung mit seinem Verteidiger besprechen, nicht aber vor der Beantwortung einer einzelnen an ihn gerichteten Frage.

Der Staatsanwalt hat in der Anklageschrift die ihm erforderlich erscheinenden Beweisanträge gestellt. Es bleibt ihm unbenommen, während der Hauptverhandlung weitere Beweisanträge zu stellen. Auch der Angeklagte kann Beweisanträge stellen.

Zeugen sind in der Hauptverhandlung unmittelbar zu hören. Die Verlesung von Protokollen über früher gemachte Aussagen ist nur unter besonderen Voraussetzungen zulässig (unbekannter Aufenthalt, Zeuge weicht in wesentlichen Punkten von einer früheren Aussage ab, unberechtigte Aussageverweigerung usw).

Urkunden und sonstige Bestandteile des Akteninhaltes, auf die bei der Urteilsfällung Bedacht genommen werden soll, müssen in der Hauptverhandlung verlesen werden. Der Verlesung gleichwertig ist die übereinstimmende Erklärung der Staatsanwaltschaft und des Angeklagten (Verteidigers), dass Aktenbestandteile als verlesen gelten.

Der Sachverständigenbeweis ist nur durch Gerichtssachverständige zulässig. Privatgutachten können in das Verfahren nur eingeschränkt eingebracht werden. Privatsachverständige können zur Unterstützung des Verteidigers und an dessen Seite an der Hauptverhandlung teilnehmen. Sie sind nicht berechtigt, an Zeugen oder Gerichtssachverständige Fragen zu richten.

Sachverständige und Zeugen werden zunächst vom Vorsitzenden, dann gegebenenfalls von anderen Mitgliedern des Gerichtes befragt. Zur Fragestellung erhalten sodann der Staatsanwalt, der Privatbeteiligte (Vertreter des Finanzamtes) und der Verteidiger vom Vorsitzenden das Wort.

Nach jedem aufgenommenen Beweis hat der Angeklagte das Recht sich hiezu zu äußern.

Ist die Beweisaufnahme (Beschuldigtenvernehmung, Zeugen, Sachverständige, Verlesungen usw) beendet, dann erteilt der Vorsitzende dem Ankläger und dann dem Angeklagten bzw dem Verteidiger das Wort für die Schlussanträge. Repliziert der Staatsanwalt auf den Schlussvortrag des Verteidigers, hat der Verteidiger jedenfalls das letzte Wort. Nach den Schlussvorträgen zieht sich das Gericht zur Beratung zurück.

Die Tatfrage wird vom Gericht in freier richterlicher Überzeugung unbekämpfbar gelöst. Bei der Abstimmung gilt im Falle der Stimmengleichheit das für den Angeklagten günstigere Ergebnis. Für die Beweiswürdigung gilt der Zweifelsgrundsatz; bleiben Zweifel an der Schuld des Angeklagten, so muss ihn das Gericht freisprechen.

Das verurteilende Erkenntnis beinhaltet auch die Verpflichtung des Verurteilten, die Kosten des Verfahrens zu ersetzen. Ein erhebliches Ausmaß können dabei die weiteren Kosten, insbesondere der Gebühren der Sachverständigen, ausmachen.

Das Urteil ist samt den wesentlichen Gründen unmittelbar nach der Entscheidung des Gerichtes öffentlich zu verkünden. Die Rechtsmittelerklärung kann entweder sofort nach Verkündung des Urteiles abgegeben werden oder längstens innerhalb von drei Tagen danach. Wird innerhalb dieser Frist keine Erklärung abgegeben, dann wird ein Rechtsmittelverzicht angenommen.

Das mündlich verkündete Urteil muss binnen vier Wochen (sanktionslos) nach Verkündung schriftlich ausgefertigt werden. In der Praxis kann die Urteilsausfertigung oft viele Monate dauern.

5.5 Rechtsmittelverfahren

5.5.1 Rechtsmittel im verwaltungsbehördlichen Finanzstrafverfahren

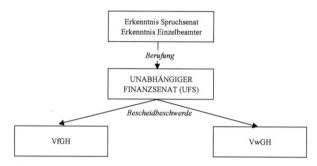

Das Erkenntnis des Einzelbeamten oder des Spruchsenates kann mit Berufung bekämpft werden. Zur Erhebung der Berufung ist der Beschuldigte berechtigt. Bei einem Erkenntnis des Spruchsenats auch der Amtsbeauftragte. Erhebt nur der Beschuldigte Berufung, so gilt das Verschlechterungsverbot. In der Berufung kann das Straferkenntnis in jede Richtung bekämpft werden, sowohl im Hinblick auf den festgestellten Sachverhalt, damit auch die Beweiswürdigung und auch im Hinblick auf Rechtsfragen. Neue Tatsachen können vorgebracht werden. Es gilt kein Neuerungsverbot. Für die Erledigung der Berufung ist der unabhängige Finanzsenat (UFS) zuständig. Der UFS fungiert quasi als unabhängiges Finanzgericht. Hat der Beschuldigte – bzw sein Verteidiger – in der I. Instanz darauf verzichtet, die Spruchsenatszuständigkeit zu beantragen, ist folglich nichts endgültig verloren, der Beschuldigte kann in II. Instanz eine mündliche Verhandlung vor dem Berufungssenat des UFS beantragen.

Gegen alle anderen im Finanzstrafverfahren ergehenden Bescheide (nicht Straferkenntnisse) sowie gegen die Ausübung unmittelbarer finanzstrafbehördlicher Befehls- und Zwangsgewalt kann Beschwerde erhoben werden. Für die Erledigung ist der UFS zuständig. Beschwerden kommt im Unterschied zu Berufungen grundsätzlich keine aufschiebende Wirkung zu.

Die Rechtsmittelentscheidung des Berufungssenates (Straferkenntnis) kann mit Beschwerden an den Verwaltungsgerichtshof (VwGH) bzw Verfassungsgerichtshof (VfGH) bekämpft werden. Eine Beschwerde an den VwGH kann geltend gemacht werden, wenn einfach gesetzliche Rechte des Beschuldigten verletzt wurden; es können Verletzungen von Verfahrensvorschriften gerügt werden, sofern sie auf den Ausgang des Verfahrens von wesentlichem Einfluss waren; ferner kann eine inhaltliche Rechtswidrigkeit (Verletzungen des materiellen Finanzstrafrechts oder Steuerrechts) gerügt werden. Die Beweiswürdigung ist in diesem außerordentlichen Rechtsmittelverfahren grundsätzlich nicht bekämpfbar (Ausnahme zB Aktenwidrigkeit); es gilt ein Neuerungsverbot, dh neue Beweise können nicht vorgebracht werden. Es ist daher dringend darauf zu achten, dass bereits in der II. Instanz vor dem UFS neue Tatsachen rechtzeitig vorgebracht werden.

Wurden verfassungsgesetzlich gewährleistete Rechte (insbesondere Grundrechte) des Beschuldigten verletzt, kann auch Beschwerde an den VfGH geführt werden.

Zusammenfassend kann festgehalten werden, dass die Rechtsmittelmöglichkeiten gegen Straferkenntnisse im verwaltungsbehördlichen Verfahren sehr weitgehend sind: In II. Instanz kann die Entscheidung der I. Instanz vollumfänglich bekämpft werden, nicht nur Verletzungen des Verfahrensrechtes und des materiellen Rechts, sondern auch die Beweiswürdigung. Es können sogar neue Tatsachen vorgebracht werden. Darüber hinaus können dann die Entscheidungen in II. Instanz noch bei den Gerichtshöfen öffentlichen Rechts (VwGH und VfGH) angefochten werden. Insbesondere kann sich der Beschuldigte auch unmittelbar bei Grundrechtsverletzungen an den VfGH mit Beschwerde wenden. Es erstaunt, dass die Rechtsmittelmöglichkeiten in gerichtlichen Finanzstrafverfahren, somit in den Fällen in denen gravierend in Grundrechte eingegriffen wird, vielfach sogar Freiheitsstrafen verhängt werden, verglichen mit den Rechtsmittelmöglichkeiten im verwaltungsbehördlichen Verfahren, erheblich eingeschränkt sind.

5.5.2 Rechtsmittel im gerichtlichen Finanzstrafverfahren

Gegen Rechtsverletzungen der Finanzstrafbehörde oder des Staatsanwalts kann der Betroffene Einspruch erheben. Hält der Staatsanwaltschaft den Einspruch für berechtigt, kann er ihm entsprechen. Entspricht er ihm nicht, dann hat er ihn unverzüglich an das Gericht weiterzuleiten. Gegen die gerichtliche Entscheidung über den Einspruch können der Staatsanwalt und der Einspruchswerber Beschwerde an das Oberlandesgericht (OLG) erheben.

Gegen die gerichtliche Bewilligung von Zwangsmitteln (zB Hausdurchsuchung, Kontoöffnung) steht dem Betroffenen das Rechtsmittel der Beschwerde an das OLG zu.

Gegen die Anklageschrift des Staatsanwaltes steht dem Angeklagten das Rechtsmittel des Einspruchs an das OLG zu. Ob ein derartiger Einspruch geführt werden soll, ist eine wichtige taktische Entscheidung und muss vom Verteidiger mit großer Sorgfalt abgewogen werden. Ist der Einspruch unbegründet, wird damit letztlich nur bestätigt, dass die Vorwürfe grundsätzlich berechtigt sind, was für den betroffenen Angeklagten den Nachteil einer gewissen „Vorverurteilung" mit sich bringt.

Urteile des Schöffengerichtes können nur mit Berufung oder Nichtigkeitsbeschwerde bekämpft werden.

Die Rechtsmittel gegen Urteile lassen sich grafisch wie folgt darstellen:

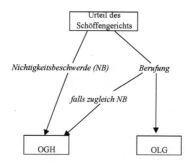

Die Berufung richtet sich gegen die Strafhöhe und damit gegen die Strafbemessung und ist beim OLG einzubringen. Die Berufung kann auch mit einer Nichtigkeitsbeschwerde an den Obersten Gerichtshof (OGH) verbunden werden. Eine Nichtigkeitsbeschwerde an den OGH kann nur erhoben werden, wenn mit dem Urteil oder im Verfahren ein ausdrücklich in der Strafprozessordnung geregelter Nichtigkeitsgrund verwirklicht wurde. Eine Bekämpfung der Beweiswürdigung ist ausgeschlossen. Neue Beweise können nicht vorgebracht werden. Im Wesentlichen beschränkt sich die Bekämpfbarkeit eines schöffengerichtlichen Urteils auf das Aufzeigen von Rechtsfehlern; die vom Schöffengericht getroffenen Tatsachenfeststellungen sind grundsätzlich nicht bekämpfbar.

Von besonderer Bedeutung im gerichtlichen Finanzstrafverfahren ist der Nichtigkeitsgrund der unrichtigen Ermittlung der Höhe der Verkürzung, die den Strafrahmen für die Geldstrafe bestimmt. Aufgrund der zahlreichen steuerlichen Schwierigkeiten bei Errechnung der Höhe der Verkürzung und auch bei Schätzung der Bemessungsgrundlagen ergeben sich immer wieder Anlässe für die Anwendung dieses Nichtigkeitsgrundes.

Anders als im verwaltungsbehördlichen Finanzstrafverfahren besteht keine Möglichkeit, den VfGH wegen Grundrechtsverletzungen direkt anzurufen. Die Möglichkeiten Grundrechtsverletzungen, insbesondere Verletzungen eines fairen Verfahrens beim OGH im Rahmen einer Nichtigkeitsbeschwerde zu rügen, sind sehr eingeschränkt und kaum von praktischer Relevanz.

Zu betonen ist, dass das erfolgreiche Führen einer Nichtigkeitsbeschwerde in der Praxis kaum gelingt. Die Judikatur des OGH ist äußerst restriktiv; die weitaus überwiegende Anzahl der Nichtigkeitsbeschwerden wird wegen Verletzung von Verfahrensvorschriften abgewiesen. Die Erhebung der Nichtigkeitsbeschwerde hat aufschiebende Wirkung.

Zusammenfassend ist mit Ernüchterung festzuhalten, dass die Möglichkeiten eines Rechtsmittels gegen Urteile eines Schöffengerichtes in Finanzstrafsachen weitgehend eingeschränkt sind. Vergleicht man die Fülle der Rechtsmittelmöglichkeiten im verwaltungsbehördlichen Finanzstrafverfahren mit diesem äußerst reduzierten Rechtsmittelrepertoir im gerichtlichen Verfahren – und dies vor allem im Hinblick auf die Schwere der Sanktionen, die typischerweise im schöffengerichtlichen Verfahren verhängt werden, erscheint diese Differenzierung in den unterschiedlichen Verfahrensordnungen befremdlich.

5.6 Exkurs: Verwaltungsbehördliches/gerichtliches Finanzstrafverfahren gegen Verbände

Zur finanzstrafstrafrechtlichen Verantwortlichkeit von Verbänden vgl A.I.4.2.12 sowie B.I.20.

Je nach verwaltungsbehördlicher oder gerichtlicher Zuständigkeit, ist auch für das Strafverfahren gegen den Verband (das Unternehmen) die Finanzstrafbehörde oder das Gericht zuständig. Das Verfahren gegen die Täter und gegen den Verband ist grundsätzlich gemeinsam zu führen. Im Fall der Verurteilung wird auch gegen den Verband eine Geldbuße verhängt; der Strafrahmen ermittelt sich in gleicher Weise, wie für natürliche Personen, somit bei Steuerhinterziehung bis zu 200% des verkürzten Betrages, bei gewerbsmäßiger Begehung bis zu 300% des verkürzten Betrages. Bei Bemessung der Verbandsgeldbuße ist die Leistungsfähigkeit des Unternehmens (dh die Ertragskraft) zu berücksichtigen.

Es besteht die Besonderheit, dass für die Verbandsverantwortlichkeit ein Verfolgungsermessen gilt: Sowohl die Finanzstrafbehörde als auch der Staatsanwalt können aufgrund von Zweckmäßigkeitsüberlegungen von der Verfolgung des Verbandes absehen. Das Gesetz sieht eine diesbezügliche Abwägung im Hinblick auf die Schwere der Tat, das Gewicht der Pflichtverletzung oder des Sorgfaltsverstoßes, die Folgen der Tat und die zu erwartende Höhe der Geldbuße vor.

Derzeit besteht noch wenig Erfahrung, wie diese Strafverfahren gegen Verbände in der Praxis ablaufen werden und ob von diesem Verfolgungsermessen Gebrauch gemacht wird; das verwundert nicht, da das Verbandsverantwortlichkeitsgesetz erst auf Taten, die nach 1. 1. 2006 begangen worden sind, anzuwenden ist, und demnach derartige Finanzvergehen erst im Zuge von künftigen Betriebsprüfungen, etc aufgedeckt werden.

5.7 Exkurs: Verhalten bei Hausdurchsuchungen

Ergeben sich aus einer bei der Finanzstrafbehörde oder beim Staatsanwalt eingelangten Anzeige gewisse Anhaltspunkte auf eine wesentliche Steuerhinterziehung, wird bisweilen sehr rasch ein Hausdurchsuchungsbefehl eingeholt und eine überfallsartige Hausdurchsuchung vorgenommen. Oftmals wird eine Hausdurchsuchung nicht nur für die Geschäftsräumlichkeiten des Unternehmens, sondern auch für die private Wohnung des Geschäftsführers, für Geschäftsräumlichkeiten und Privatwohnungen von Geschäftspartnern und bis weilen auch für die Geschäftsräumlichkeiten des steuerlichen oder rechtlichen Vertreters angeordnet.

Kein Unternehmen ist davor gefeit uU eine derartige Hausdurchsuchung über sich ergehen lassen zu müssen. Es ist daher dringend anzuraten, den einschreitenden Organen (regelmäßig Mitarbeiter der Prüfungsabteilung Strafsachen) freundlich und kooperativ gegenüber zu treten. Widerstand ist strafbar, lamentieren sinnlos, Interventionen ebenso. Es geht letztlich darum, diese Lästigkeiten professionell über sich ergehen zu lassen und die eigenen Rechte umfassend und professionell wahrzunehmen.

Regelmäßig werden in Hausdurchsuchungsbefehlen die zu suchenden Unterlagen nur sehr wenig konkretisiert. Die durchsuchenden Organe haben damit einen sehr großen Spielraum, welche Unterlagen sie konkret beschlagnahmen. Das führt oft dazu, dass uU nicht nur große Aktenberge beschlagnahmt werden, sondern auch Festplatten von PCs etc. Dies kann zB für EDV-Zentralen größerer Unternehmen eine wesentliche Beeinträchtigung darstellen. Bei der Lösung derartiger Probleme ist Verhandlungsgeschick unentbehrlich. Dabei ist immer zu beachten, dass letztendlich die einschreitenden Ermittler entscheiden wie vorzugehen ist. Wesentliche Bedeutung im Zuge einer Hausdurchsuchung kommt dem beiwohnenden Berater zu.

Er hat nicht nur dafür zu sorgen, dass die Durchsuchung emotional nicht eskaliert, sondern dass wirklich nur das beschlagnahmt wird, wonach gemäß dem Hausdurchsuchungsbefehl zu suchen ist; ferner dass das beschlagnahmte Material vollständig protokolliert wird, die Verfahrensvorschriften eingehalten und dass im Einzelfall Lösungen gefunden werden, die für das Unternehmen, insbesondere bei Beschlagnahme der EDV, einigermaßen tragbar sind.

Jedes Unternehmen sollte daher unbedingt über einen entsprechenden Notfallplan für den Fall einer Hausdurchsuchung verfügen. Nachfolgend werden die wesentlichen Eckpunkte, die in einem derartigen Notfallplan zu regeln sind kurz in einer Checkliste dargestellt:

Checkliste Hausdurchsuchung

— Im Unternehmen soll eine Person bestimmt werden, die für den Fall der Hausdurchsuchung für den Kontakt mit den die Hausdurchsuchung durchführenden Ermittlern zuständig ist.
— Diese Kontaktperson soll unverzüglich bei Eintreffen der Ermittler informiert werden (vom Empfang oder zB dem Sekretariat).
— Die Kontaktperson informiert unverzüglich den Wirtschaftstreuhänder und/oder den Rechtsanwalt (Berater), verständigt sie von der Hausdurchsuchung und ersucht sie um sofortiges Erscheinen.
— Zur Verständigung der Berater darf das Telefon benützt werden, den Ermittlern steht es frei das Telefonat zu beaufsichtigen. Es gibt auch bei einer Hausdurchsuchung grundsätzlich keine Telefonsperre.
— Der oder die Berater sollen der Hausdurchsuchung als Vertrauenspersonen beiwohnen. Gemäß einem Erlass des BMF ist mit der (verwaltungsbehördlichen) Durchsuchung bis zum Eintreffen der Vertrauenspersonen zuzuwarten, „sofern dadurch nicht die Amtshandlung unangemessen verzögert oder ihr Erfolg gefährdet wird".
— Die Kontaktperson führt die Ermittler in einen geeigneten Raum und notiert dort deren Dienstnummer oder Namen sowie ihre Behörde. Die Kontaktperson lässt sich auch eine Ausfertigung des Hausdurchsuchungsbefehles aushändigen. Dieser muss von den Ermittlern nicht unbedingt mitgeführt werden. Im Falle eines mündlich erteilten Hausdurchsuchungsbefehles oder der Vornahme der Hausdurchsuchung wegen Gefahr in Verzug ist nachträglich die entsprechende Genehmigung einzuholen.

- Wegen der unterschiedlichen Rechtsschutzmöglichkeiten soll die Kontaktperson feststellen, ob es sich um eine Hausdurchsuchung in einem verwaltungsbehördlichen (Hausdurchsuchungsbefehl stammt vom Vorsitzenden des Spruchsenates) oder einem gerichtlichen Verfahren handelt (Hausdurchsuchung wurde vom Gericht bewilligt).
- Nach ihrem Einlangen erhalten die Berater von der Kontaktperson eine Kopie des Hausdurchsuchungsbefehles ausgefolgt.
- Anhand des Hausdurchsuchungsbefehles (gegebenenfalls auch des mündlich kommunizierten Zweckes der Hausdurchsuchung) soll festgestellt werden, welche Gegenstände gesucht werden.
- Durch die freiwillige Herausgabe der gesuchten Gegenstände kann die Durchsuchung abgewendet werden. Oft ist die Bezeichnung der gesuchten Gegenstände im Hausdurchsuchungsbefehl nicht hinreichend präzisiert („alle auf die Strafsache Bezug habenden Unterlagen"), um durch deren Herausgabe die Durchsuchung abzuwenden.
- Bei der Entscheidung, ob die gesuchten Gegenstände freiwillig herausgegeben werden, muss bedacht werden, dass diesfalls ansonsten gegen die Beschlagnahme zur Verfügung stehende Rechtsmittel nicht ausgeschöpft werden können.
- Im Falle der Beschlagnahme muss darauf geachtet werden, dass alle Gegenstände ins Beschlagnahmeprotokoll aufgenommen werden.
- Mit den Ermittlern ist abzusprechen, ob ein und gegebenenfalls welcher Raum zur Verfügung gestellt werden soll, wo Kopiermöglichkeiten bestehen und dass sie auch bei der tatsächlichen Durchsuchung der einzelnen Räume von einer Vertrauensperson begleitet werden, die den Ablauf beobachtet, Notizen macht und gegebenenfalls auf die Einhaltung der gesetzeskonformen Vorgangsweise achtet.
- Im Zuge der Hausdurchsuchung im gerichtlichen Finanzstrafverfahren dürfen Originalurkunden nicht beschlagnahmt werden, wenn der Beweiszweck durch Kopien erfüllt und diese auch hergestellt werden können. Es soll darauf geachtet werden, dass möglichst keine Originalunterlagen, sondern Kopien beschlagnahmt werden. Beschlagnahmte Unterlagen liegen oft monatelang bei den Behörden. Auch für automationsunterstützte Daten gilt, dass durch die Herstellung von entsprechenden Kopien in der Regel der Beweiszweck erfüllt werden kann.

- Auch im verwaltungsbehördlichen Finanzstrafverfahren, für das die Verpflichtung der vorrangigen Beschlagnahme von Kopien anstelle von Originalen nicht ausdrücklich normiert ist, sollte im Gespräch mit den Ermittlern auf die Umsetzung einer solchen Vorgangsweise gedrängt werden.
- Werden im Zuge der Hausdurchsuchung auch förmliche Vernehmungen (mit Errichtung einer Niederschrift) vorgenommen, dann ist auf die Klarstellung zu achten, ob der Vernommene als Auskunftsperson (Zeuge) oder als Beschuldigter befragt wird. Anhand des im Hausdurchsuchungsbefehl wiedergegebenen Tatverdachtes kann festgestellt werden, welche Mitarbeiter des Unternehmens potentiell als Beschuldigte in Frage kommen. Beschuldigte sind allgemein berechtigt die Aussage zu verweigern. Wird jemand als Auskunftsperson/Zeuge vernommen, der nach der artikulierten Verdachtslage potentieller Beschuldigter ist, kann er sich auch als Zeuge – unter Verweis auf das Verbot des Zwanges zur Selbstbezichtigung – der Aussage entschlagen.
- Zum Zeitpunkt der Hausdurchsuchung wird meistens der Tatverdacht nicht hinreichend konkretisiert sein; wer zur Aussage nicht verpflichtet ist oder ein Aussageverweigerungsrecht hat, sollte in diesem Stadium des Verfahrens nicht aussagen.
- Sowohl im gerichtlichen als auch im verwaltungsbehördlichen Verfahren hat der Beschuldigte ein Recht darauf, dass bei seiner Vernehmung ein Verteidiger anwesend ist. Der beigezogene Berater kann einschreiten, darf sich aber an der Vernehmung nicht beteiligen; er darf abschließend ergänzende Fragen stellen.
- Die Hausdurchsuchung ist ein Teil der Beweisaufnahme. Der Beschuldigte darf von ihr nur ausgeschlossen werden, wenn dies besondere Umstände gebieten. Schreitet einer der Berater als Verteidiger des oder eines Beschuldigten ein, ist er grundsätzlich zur Teilnahme an allen Akten der Hausdurchsuchung berechtigt und sollte das soweit als möglich tatsächlich auch tun.
- Wenn ausgesagt wird, soll der Vernommene auf eine genaue Protokollierung des Inhaltes seiner Aussage bestehen und gegebenenfalls mit einem entsprechenden Hinweis die Unterfertigung der Niederschrift verweigern, wenn sie inhaltlich nicht dem von ihm Gesagten entspricht. Eine große Genauigkeit ist hier deswegen geboten, weil den Erstvernehmungen die größte Beweiskraft beigemessen wird.

- Während der Hausdurchsuchung soll auf keinen Fall auf Rechtsmittel verzichtet werden. Die diesbezüglichen Entscheidungen sollten Beratungen nach der Hausdurchsuchung vorbehalten werden, die frei von der durch die Hausdurchsuchung selbst ausgelösten Spannung sind.
- Beim Ende der Hausdurchsuchung ist genau zu kontrollieren, ob die über die Hausdurchsuchung zu errichtende Niederschrift, die auch von den beigezogenen Vertrauenspersonen zu unterfertigen sein wird, den Inhalt der Hausdurchsuchung richtig und vollständig wiedergibt.

VERTEIDIGUNG IN DER PRAXIS – STRATEGIE UND TAKTIK II

1 Risikovorsorge

Da Steuerhinterziehungen nur vorsätzlich begangen werden können, somit nur mit Wissen und Wollen, könnte der banale Rat lauten, Hinterziehungen nicht zu begehen. Leider ist dem Unternehmer mit diesem banalen Rat wenig geholfen: Verkürzungen von Steuern sind nicht nur als vorsätzliche Hinterziehung strafbar, sondern auch dann, wenn sie fahrlässig, dh nicht mit Wissen und Wollen, sondern bloß unter Verletzung der gebotenen Sorgfaltspflicht herbeigeführt werden. Auch Verkürzungen, die nicht vorsätzlich herbeigeführt wurden, führen dennoch oft zu einem Hinterziehungsvorwurf, weil Finanzbehörden vielfach (grundsätzlich) solche Vorwürfe erheben, weil es ja der Lebenserfahrung entspreche, dass jedermann (illegale) Steuerminimierung anstrebe. Kein Unternehmer ist somit gegen derartige Vorwürfe zB im Anschluss an eine Betriebsprüfung gefeit.

Wesentliche zusätzliche finanzstrafrechtliche Risiken hat das Verbandsverantwortlichkeitsgesetz beschert.

Eine strafrechtliche Haftung des Unternehmens greift nicht nur dann, wenn ein Geschäftsführer vorsätzlich oder fahrlässig eine Abgabenverkürzung herbeigeführt hat, sondern uU auch dann, wenn die Steuerverkürzung durch einen (nachgeordneten) Mitarbeiter vorsätzlich oder fahrlässig herbeigeführt worden ist und dies durch die Leitungsorgane aufgrund mangelhafter Überwachung erleichtert wurde (vgl B.I.20).

Daraus ist abzuleiten, dass es erheblich differenzierterer Risikovermeidungsstrategien bedarf, um mögliche finanzstrafrechtliche Vorwürfe von vornherein zu vermeiden.

2 Qualifiziertes Risikobewusstsein für Führungskräfte

Die erforderlichen Präventionsüberlegungen können von Führungskräften der Wirtschaft nur dann sachgerecht umgesetzt werden, wenn ein qualifiziertes grundlegendes Risikoverständnis besteht. Gleich ob Techniker oder Kaufmann, letztendlich kommt kein Leitungsorgan in der Wirtschaft ohne ein solides Grundverständnis im Hinblick auf die angesprochenen Risiken aus. Die Anforderungen an diesen Generalismus nehmen im Hinblick auf die ständig wachsende Komplexität unseres Rechtssystems laufend zu. Die Kunst besteht darin, den reduzierten „roten Faden" zu erkennen und in kürzester Zeit zu vermitteln.

Es geht letztendlich darum, alle Bereiche der Führung eines Unternehmens entsprechend zu professionalisieren. Die Auswahl von Mitarbeitern, die Delegation an Mitarbeiter, die Delegation an Berater, etc.

Kleinen und mittleren Unternehmen kann die entsprechende Professionalisierung der Organisationsbereiche erhebliche Probleme bereiten; vielfach kann dieses Ziel nur durch Delegation klar abgegrenzter Bereiche an kompetente Dienstleister erreicht werden.

3 Risikovorsorge – Strategien im Einzelnen

3.1 Offenes Visier

Eine Verkürzung von Abgaben ist nur dann strafbar, wenn die Abgabenbehörde über abgabenrechtlich maßgebende Sachverhaltselemente nicht vollständig informiert wurde. Erfolgt eine umfangreiche Offenlegung aller möglicherweise bedeutsamen Sachverhaltselemente, kann jegliches strafrechtliche Risiko ausgeschlossen werden. Welche Sachverhaltselemente aus der Perspektive der Behörde bedeutsam sein könnten, erfordert wiederum qualifiziertes Risikobewusstsein.

Die merklich reduzierte Praxis der Offenlegung mittels Steuererklärungen verschärft das Problem der uU eintretenden Offenlegungspflichtverletzung erheblich (vgl B.I.4). Der Pflichtige kann die Strategie des offenen Visiers nur dann sinnvoll einsetzen, wenn er weiss, in welchem Punkt die Abgabenbehörde weitere Informationen benötigt, um zu erkennen, dass er gegebenenfalls eine andere Rechtsauffassung vertritt, als die Abgabenbehörde.

Diese Offenlegungspolitik wird regelmäßig mit dem Steuerberater des Unternehmens präzise abzustimmen sein. Vielfach wird nur der Steuerexperte erkennen, in welchem Punkt die Finanzbehörde (zB auf Basis von Erlässen) einen abweichenden Rechtsstandpunkt einnehmen wird. Ist dem Steuerpflichtigen bekannt, dass die Abgabenbehörde zu einer bestimmten Frage eine abweichende Auffassung zur Anwendung bringt, ist eine umfassende Offenlegung dringend geboten. Der Behörde müssen in diesem Fall (zusätzlich zur typisierten Steuererklärung) alle Informationen gegeben werden, die sie in die Lage versetzt, die Veranlagung gegebenenfalls nicht erklärungskonform vorzunehmen, sondern im Sinne ihrer eigenen Rechtsmeinung. (Der Steuerpflichtige, der das Vorsteuerabzugsverbot für PKWs für verfassungswidrig hält und diese Vorsteuer bei UVA und/oder Jahreserklärung von der USt-Schuld abzieht, muss die Behörde mit seiner Erklärung auf diesen Umstand hinweisen.) Die Rechtsprechung folgert bei Unterlassen dieser umfassenden Offenlegung den (bedingten) Verkürzungsvorsatz schon aus der Kenntnis der abweichenden Rechtsauffassung der Behörde I. Instanz; setzt sich die Behörde in der Folge zB mit ihrem Rechtsstandpunkt durch, besteht die Gefahr der strafrechtlichen Verfolgung.

3.2 Einholung von steuerlichen Auskünften/ Gutachten

Nimmt der Unternehmer steuerrechtliche Gestaltungen vor oder trifft er Maßnahmen mit steuerlichen Konsequenzen und behandelt er diese Gestaltungen/Maßnahmen im Jahresabschluss bzw in der Steuererklärung irrtümlich unrichtig, so führt das unter Umständen zu einem strafrechtlichen Vorwurf, wenn damit eine Reduktion der Abgabenbemessungsgrundlage verbunden ist. Derartige Fehler stellen mangels Vorsatz („irrtümlich") regelmäßig keine Hinterziehung dar (vgl B.I.9.5). Sie stellen aber eine strafbare fahrlässige Abgabenverkürzung dar, wenn der Steuerpflichtige im konkreten Fall seine Erkundigungspflicht verletzt hat (Sorgfaltsvorwurf).

Die Unkenntnis der steuerlichen Vorschriften wird nur dann als unverschuldet angesehen, wenn dem Steuerpflichtigen die Rechtsvorschrift trotz Anwendung der erforderlichen Sorgfalt unbekannt geblieben ist. Hat der Abgabenpflichtige das abgabenrechtliche Problem erkannt oder hätte er es erkennen müssen und hat er sich nicht bei kompetenter Stelle erkundigt, so hat er seine Sorgfaltspflicht verletzt.

Der umsichtige Unternehmer/Geschäftführer wird daher derartige Gestaltungen/Maßnahmen in jedem Fall von seinem Steuerberater entsprechend begutachten lassen. Auf diese Begutachtung durch den Steuerberater kann und darf sich der Steuerpflichtige verlassen. Für den Fall, dass er eine unrichtige Auskunft erhält und dadurch eine Abgabenverkürzung eintritt, kann dem Steuerpflichtigen jedenfalls kein strafrechtlicher Vorwurf gemacht werden. Gegenteiliges hat die Rechtsprechung nur in einem einzigen Fall zum Ausdruck gebracht, in dem der Berater seinem Auftraggeber eine erkennbar anrüchige Gestaltung empfohlen hat.

Wagt sich der Unternehmer/Geschäftsführer im Rahmen seiner Steueroptimierungsstrategien in unsicheres Terrain vor, ist eine sorgfältige Begutachtung und ein dem Ergebnis der Begutachtung entsprechendes Verhalten unentbehrlich. Es ist weiters ratsam, für eine geeignete Dokumentation solcher Vorgänge zu sorgen, da im Strafverfahren zu bestimmten Fragen quasi eine Beweislastumkehr eintritt. Soll dem Steuerpflichtigen im Finanzstrafverfahren geglaubt werden, dass er fachkundigen Rat eingeholt und befolgt hat, dann genügt dafür vielleicht seine bloße Beteuerung nicht, sondern sollten die entsprechenden Unterlagen vorgelegt werden können.

Rechtsauskünfte könnten durchaus auch bei der zuständigen Abgabenbehörde eingeholt werden, was aber eher nur bei abgabenrechtlich nicht vertretenen Steuerpflichtigen vorkommen wird. Bei Abklärung von elementaren abgabenrechtlichen Fragen wird die Abgabenbehörde dem steuerlich nicht vertretenen Abgabenpflichtigen regelmäßig zur Hand gehen, bei Beurteilung komplexerer Gestaltungen, wird – wenn überhaupt – eine Anfrage an die Finanzbehörde sinnvollerweise durch den Steuerberater heranzutragen sein.

Der Steuerberater wird, wenn Steuergestaltungen vorgenommen werden sollen, die gravierende, unter Umständen irreversible Dauerfolgen nach sich ziehen und deren rechtlichen Beurteilung noch nicht abschließend geklärt ist, regelmäßig eine Anfrage an die Finanzbehörde empfehlen.

Zahlreiche Finanzämter – insbesondere größere Finanzämter mit entsprechenden Ressourcen – sind dazu auch bereit und in der Lage. Hält sich der Steuerberater bzw in der Folge sein Mandant gutgläubig im Rahmen der Auskunft oder im Rahmen eines Erlasses der Finanzbehörde, so scheidet ein strafrechtlicher Vorwurf gegen den Steuerberater und seinen Mandanten aus. Anderes könnte nur gelten, wenn der Abgabenbehörde bei der Anfragestellung der abgabenrechtlich maßgebende Sachverhalt nicht vollständig zur Kenntnis gebracht wurde, oder wenn der Abgabepflichtige bzw sein Berater erkannt hat, dass die Anfragebeantwortung oder der Erlass gesetzwidrig sind. In diesem Fall wären der Steuerpflichtige bzw sein Berater schlechtgläubig.

Eine steuerrechtliche Bindung im Sinne eines Anspruchs auf Durchsetzung der in der Anfragebeantwortung bzw im Erlass geäußerten Rechtsauffassung besteht aber nur sehr eingeschränkt im Sinne eines Treu- und Glaubensschutzes, sofern der Steuerpflichtige Dispositionen im Vertrauen auf die Rechtsauskunft getroffen hat und ihm durch das enttäuschte Vertrauen ein Schaden erwachsen ist.

Ein Anspruch auf Zuhaltung einer zB rechtswidrigen steuerrechtlichen Auskunft besteht nicht; allerdings kann eine derartige unrichtige Rechtsauskunft ein Anlass für eine Nachsicht des Abgabenanspruchs aus Billigkeitsgründen sein.

3.3 Dokumentierte, nachvollziehbare und wirksame Kontrollsysteme

In allen einschlägigen kaufmännischen/rechtlichen Organisationsbereichen ist das System der Auswahl, Schulung und Überwachung der Mitarbeiter sachgerecht, schriftlich und nachvollziehbar zu dokumentieren und die praktische Handhabung (Einhaltungskontrolle) erkennbar darauf abzustellen.

Das Kontrollsystem darf nicht als „Feigenblatt" verstanden werden, sondern als möglichst effizientes Instrument, Fehler von vornherein zu vermeiden. Es muss bedacht werden, dass zB ein Fehler eines Mitarbeiters, der zu einer Abgabenverkürzung führt, regelmäßig ein Indiz dafür sein wird, dass das Kontrollsystem eben nicht ausreichend ausgestaltet war und dass daher zB die strafrechtlichen Haftungsvoraussetzungen des Unternehmens erfüllt sind (Verletzung der Überwachungspflichten der Leitungsorgane). Das einschlägige Kontrollsystem sollte nicht nur informell eingerichtet, sondern schriftlich dokumentiert sein, insbesondere sollten auch die Einhaltungsmechanismen nachvollziehbar ausgestaltet sein. Das Kontrollsystem des jeweiligen Unternehmens sollte auf die branchenspezifischen Risikosphären besonders Bedacht nehmen (zB Gefahrenpotential der Rechnungsumschreibungen bei spezifischen Dienstleistungsunternehmen, Vermeidung von Korruptionszahlungen in bestimmten Branchen, in bestimmten Ländern, etc).

3.4 Professionelle Abwicklung von Betriebsprüfungen

Zur Sicherstellung einer sachgerechten Vorbereitung, Abwicklung und Nachbearbeitung einer Betriebsprüfung ist die Erstellung einer maßgeschneiderten Checkliste für jedes einzelne Unternehmen unentbehrlich. Als Ausgangspunkt für die Erstellung dieser Checkliste können standardisierte Checklisten, die von führenden Steuerberatern verwendet werden, herangezogen werden.

Das Unternehmen muss grundsätzlich auch für eine überfallsartige, nicht angekündigte Prüfung jederzeit vorbereitet sein. Diese Anforderungen sind gerade für kleinere Unternehmen mit entsprechend begrenzten Rechnungswesenressourcen nur schwer sicherzustellen. Weiters muss klar geregelt sein, wie vorzugehen ist, wenn eine Betriebsprüfung angekündigt wird. Bis zum Beginn der Prüfung besteht die Chance, gemeinsam mit dem Steuerberater, nochmals die Feststellungen der letzten Betriebsprüfung und deren Berücksichtigung in den Folgejahren zu überprüfen. Die Mitarbeiter müssen im Hinblick auf die Abwicklung der Prüfung nochmals klar instruiert werden. Mögliche Risikobereiche sind neuerlich zu analysieren und gegebenenfalls ist vor der Betriebsprüfung noch eine strafaufhebende Korrektur (Selbstanzeige) vorzunehmen. Spezifische strafrechtliche Risiken können sich ergeben, wenn zB wichtige Schlüsselmitarbeiter des Rechnungswesens das Unternehmen verlassen haben und dadurch ein Abwicklungs- bzw Informationsdefizit entstanden ist. Gerade kleine Unternehmen geraten dadurch vielfach in eine ungeordnete Phase, die Fehler mit Verkürzungsfolgen auslösen kann.

Die Durchführung der Prüfung erfordert, je nach Inhousekompetenz des Unternehmens und auch im Hinblick auf finanzstrafrechtliche Aspekte, ein mit dem Steuerberater des Unternehmens sorgsam abgestimmtes System des Zusammenwirkens zur optimalen Prüfungsabwicklung. Es ist sicherzustellen, dass auftretende Probleme sofort ernst genommen und vom Berater entsprechend analysiert werden können. Nur so kann ein konkretes strafrechtliches Risikopotential rechtzeitig erkannt werden. Tritt ein solches in Erscheinung, ist uU die gesamte Prüfungsabwicklung entsprechend den Empfehlungen eines beizuziehenden Spezialisten auszurichten. So können die drohenden strafrechtlichen Folgen rechtzeitig erkannt und auch abgewendet werden. Das rechtzeitige Erkennen der strafrechtlichen Risiken und die Entwicklung einer adäquaten Lösungsstrategie sind von grundlegender Bedeutung für die erfolgreiche Risikobewältigung (vgl A.II.6.1). In Vorbereitung der Schlussbesprechung müssen die zuständigen Führungskräfte des Unternehmens gemeinsam mit den Beratern die möglichen strafrechtlichen Folgewirkungen von Prüfungsfeststellungen analysieren. Es genügt nicht, die finanziellen (steuerlichen) Auswirkungen der Prüfungsfeststellungen zu bedenken, es müssen die möglichen strafrechtlichen Konsequenzen mitüberlegt werden. So kann ein „abgabenrechtliches" Nachgeben in einem Punkt fatale strafrechtliche Vorwürfe auslösen. Dann scheidet oft ein Nachgeben aus und ein (taktisches) Rechtsmittel wird unentbehrlich sein.

Der Steuerberater hat sorgsamst auf die Protokollierung der Niederschrift der Schlussbesprechung zu achten. Schon vor der Ausfertigung des Schlussbesprechungsprogramms, ist darauf Einfluss zu nehmen, dass Prüfungsfeststellungen kein sachlich ungerechtfertigtes „verdächtiges" Licht werfen. Der Sachverhalt soll neutral und sachgerecht, nicht tendenziös vorwurfsvoll dargestellt werden. Erbrachte die Prüfung Hinweise auf einen Rechtsirrtum des Pflichtigen, dann sollen Besprechungsprogramm und Niederschrift das auch ausdrücken. Das ist selbstverständlich zulässig und aus verwaltungsökonomischen Gründen vielfach sinnvoll.

Dem Steuerpflichtigen muss bewusst sein, dass jeder Betriebsprüfungsbericht von der Strafsachenstelle auf mögliche strafrechtliche Vorwürfe analysiert wird. Der Betriebsprüfer ist angehalten, die Strafsachenstelle auf einschlägige strafrechtliche virulente Punkte durch einen Aktenvermerk hinzuweisen, um die strafrechtliche Auswertung entsprechend zu erleichtern. In diesem Zusammenhang kann sich ein Rechtsmittelverzicht zu einer Beurteilung der Betriebsprüfung als Boomerang erweisen, wenn auf die abweichende Beurteilung durch die Betriebsprüfung ein Strafverfahren folgt. Schon zur Vermeidung eines Strafverfahrens kann es geboten sein, den eigenen Rechtsstandpunkt auch bis zum Höchstgericht auszuloten.

Von wesentlicher Bedeutung ist auch die Nachbearbeitung der Betriebsprüfung. Nicht nur, dass die Prüfungsfeststellungen im entsprechenden nächstfolgenden Jahresabschluss ordnungsgemäß eingebucht werden müssen, es muss va auch darauf geachtet werden, dass Prüfungsfeststellungen in nachfolgenden Veranlagungszeiträumen durchgehend Beachtung finden. Wird zB eine unzutreffende Vorgehensweise trotz Bemängelung in der letzten Betriebsprüfung beibehalten, wird bei abermaliger Feststellung in der Folgeprüfung der Vorwurf der vorsätzlichen Abgabenverkürzung erhoben werden (zB bei abermaliger Nichtausscheidung privat veranlasster Aufwendungen, Privatanteile, etc).

4 Rechtzeitige Wahrnehmung und Lokalisierung von Risiken

4.1 Nicht voraussehbare Risiken

Besonders schwerwiegende und heikle finanzstrafrechtliche Risiken sind vielfach für den Betroffenen nicht voraussehbar. So zB wenn der Betroffene von einer Zwangsmaßnahme überrascht wird (zB Hausdurchsuchung). Dies trifft insbesondere in den häufigen Fällen von (konkretisierten) Anzeigen zu, in denen die Behörde mit Rückendeckung des zuständigen Strafgerichtes sofort entschlossen zu Zwangsmaßnahmen greift.

Die Risiken der Aufdeckung von Hinterziehungspraktiken sind letztlich unkalkulierbar und werden oft unterschätzt. Auch bei kleinen Unternehmen lässt sich oft nicht vermeiden, dass nicht nur die leitend tätigen Familienangehörigen des Unternehmers von solchen Praktiken wissen, sondern auch externe Mitarbeiter. Es ist geradezu an der Tagesordnung, dass derartiges Wissen entweder dazu führt, dass der Mitarbeiter in der Folge die Dimension des Risikos für sich selbst erkennt und ihn exkulpierende Maßnahmen ergreift oder in Konfliktsituation dieses Wissen als Waffe einsetzt. Aber auch dann, wenn die Hinterziehungspraxis sorgsam als „Familiengeheimnis" gehütet und gehandhabt wird, besteht niemals 100% Sicherheit. Bei Konflikten in der Familie, bei Scheidungsverfahren zwischen Eheleuten, die gemeinsam ein Unternehmen leiten, kommt es immer wieder vor, dass zB im Scheidungsverfahren bei Geltendmachung von Unterhalts- oder Aufteilungsansprüchen die Schwarzeinnahmen des Ehepartners thematisiert werden.

4.2 Voraussehbare Risiken

Gar nicht selten wird die Kenntnis strafrechtlicher Verdachtsmomente zu Erpressungszwecken eingesetzt. Dem betroffenen Unternehmer wird sein Fehlverhalten vor Augen geführt, um ihn zu einem bestimmten erwünschten Verhalten zu bewegen. Die Lösung derartiger Konfliktsituation gestaltet sich oft besonders schwierig, weil hoher Zeitdruck besteht. Gefragt ist in diesen Fällen vielfach ein Blitzszenario der Umkehr (vgl A.II.5). UU erfährt der Betroffene aus den Medien bevorstehende strafrechtliche Ermittlungen. Derartige Indiskretionen sind leider immer wieder festzustellen. Auch in diesen Fällen ist nicht in jedem Fall der Weg der Umkehr unter Erreichung von Strafaufhebung versperrt.

Zum Erfordernis des rechtzeitigen Erkennens von möglichen strafrechtlichen Folgewirkungen im Zuge von Betriebsprüfungen vgl A.II.3.

4.3 Denunziation oder transparente Führung

Gesetzwidrige Praktiken entstehen vielfach in Unternehmen durch Marktzwänge auch gegen den Willen der Unternehmensführung. Die Leitungsorgane des Unternehmens versuchen vielfach derartige unerwünschte Entwicklungen frühzeitig zu erkennen und prämieren den Informanten. Derartige Systeme können für die Unternehmenskultur schädlich sein. Vorzuziehen ist ein offenes Führungssystem bei dem derartige Risiken aufgrund der permanenten offenen Interaktion zwischen den Führungsebenen und der strikten Anwendung von geeigneten Kontrollsystemen von vornherein vermieden werden.

5 Umkehr

5.1 Der Zwang zur Fortsetzung

Wird ein bestimmtes Hinterziehungsverhalten gesetzt, kann die Aufdeckung der Hinterziehung oftmals nur dadurch verhindert werden, dass dieses Hinterziehungsverhalten in Folgejahren konsequent fortgesetzt wird (zB Nichterklärung bestimmter Einkünfte aus einer bestimmten Einkunftsquelle). Die Beibehaltung dieser Praxis hat fatale Folgen: Durch das abermalige Begehen eines Finanzvergehens verjährt das Delikt der Vorperiode nicht (vgl B.I.16.1). Bei schwerwiegenden Fällen mit gerichtlicher Zuständigkeit kann das dazu führen, dass Finanzvergehen überhaupt nicht verjähren und jahrzehntelang strafbar bleiben. Weiters wird die Fortsetzung der Hinterziehungspraxis dazu führen, dass eine gewerbsmäßige Hinterziehung vorliegt, die entsprechend strenger bestraft wird (vgl B.I.21).

5.2 Grundstrategien zu Durchbrechung des Fortsetzungszwanges

Hat der betroffene Unternehmer/Geschäftsführer die Risiken seines Hinterziehungsverhaltens erkannt, so wird er, wenn er zumindest jetzt rational vorgeht, das Hinterziehungsverhalten umgehend beenden, um wenigstens den Mindestanforderungen der Risikobewältigung zu entsprechen, dh dafür zu sorgen, dass die begangenen Delikte (wenigstens) strafrechtlich verjähren können.

Diese Strategie ist allerdings riskant und bedarf starker Nerven: Die Verjährungsfrist dauert in der Regel 5 Jahre, in dieser Zeit besteht bei Aufdeckung regelmäßig ein erhebliches strafrechtliches Risiko. Die Aufdeckungswahrscheinlichkeit ist in vielen Fällen auch nicht näherungsweise quantifizierbar. Kennt der Unternehmer/Geschäftsführer die strafrechtlichen Risiken, sind die Schlafstörungen im Verjährungszeitraum vorprogrammiert.

Soll das Risiko insgesamt beseitigt werden, bedarf es einer sorgfältigen Analyse der noch offenstehenden Möglichkeiten der Selbstanzeige und der damit verbunden Kosten. In dem Zusammenhang wird zu klären sein, welche Zeiträume abgabenrechtlich noch nicht verjährt sind, ob die „kurze" oder die „lange" Verjährung Anwendung findet (vgl B.I.16), welche Einkünfte in welcher Höhe nachzuversteuern sind und welche Steuerbelastung dadurch ausgelöst wird. Dabei wird auch sorgfältig abzustimmen sein, wer der Schutzwirkungen einer Selbstanzeige bedarf, dh von der Selbstanzeige mitbegünstigt werden muss.

Im Grunde genommen ist somit eine Abwägung vorzunehmen, gut schlafen und Steuern zahlen oder Steuern sparen und Schlafstörungen in Kauf nehmen.

Leider gibt es Konstellationen, die den Weg zur Umkehr erheblich erschweren: Wurden zB nicht nur Hinterziehungen begangen, sondern auch andere Straftaten (Untreue, Betrug, Bestechung usw), könnten durch die Selbstanzeige auch diese Delikte aufgedeckt werden. Damit würde dieses (allgemeine) Strafbarkeitsrisiko erst richtig virulent. Teilweise könnte es uU gelingen auch für diese Straftaten eine Strafaufhebung durch Wiedergutmachung zB im Sinne einer tätigen Reue zu erlagen (zB in Fällen der Untreue, etc). Bei manchen Delikten, wie insbesondere bei Korruptionsdelikten (zB Beamtenbestechung), scheidet dieser Weg allerdings aus. Urkundendelikte, die im Zusammenhang mit Steuerhinterziehung begangen wurden, lösen diesen Konflikt nicht aus, weil diese Urkundendelikte neben einer Steuerhinterziehung nicht gesondert geahndet werden (vgl B.I.18.6).

Oft weiß der Steuerpflichtige in der Praxis nicht mehr genau, welche Hinterziehungen er im Einzelnen getätigt hat. In diesen Fällen kann eine geschätzte Selbstanzeige Abhilfe schaffen. Es wird dabei erforderlich sein, den Schätzungsvorgang offen einzubekennen, die Plausibilität der Schätzung zu verdeutlichen und die korrigierten Bemessungsgrundlagen so konkret anzugeben, dass die Finanzbehörde in der Lage ist, ohne weiteres die Steuern festzusetzen.

6 Risikobewältigung

6.1 Wann wird welcher Spezialist benötigt?

Beinahe alle (auch sehr kleinen) Unternehmen werden von einem Steuerberater betreut. Steuerberater haben regelmäßig Grundkenntnisse des Steuerstrafrechts und verfügen über ein einschlägiges, qualifiziertes Risikoverständnis. Sollte der eigene Steuerberater trotz seiner Grundkenntnisse kein erfahrener Finanzstrafrechtler sein – was die Regel ist – wird er umgehend auf das Erfordernis hinweisen, rechtzeitig einen spezialisierten Kollegen beizuziehen. Diese Beiziehung sollte möglichst frühzeitig erfolgen. Wie unten noch eingehend darzustellen sein wird, sind wesentliche wirksame Verteidigungsstrategien oft nur frühzeitig im Verfahren umsetzbar.

Welcher qualifizierte Experte beigezogen werden soll, sollte in der Regel der zuständige Steuerberater entscheiden, der die geeigneten Kollegen kennt. Im Kreis der Steuerberater gibt es seit einigen Jahren sogenannte „Finanzstrafrechtsexperten", die eine entsprechende Spezialausbildung bei der Akademie der Wirtschaftstreuhänder abgeschlossen haben und ihre Kenntnisse im Rahmen einer anspruchsvollen Prüfung unter Beweis gestellt haben. Dieses Zertifikat erleichtert nur eine erste Grobauswahl. Es kommt entscheidend darauf an, dass diese spezifischen Fachkenntnisse in der Praxis auch angewendet wurden, somit eine entsprechende Verteidigungserfahrung gegeben ist.

Je nach dem, ob das Schwergewicht zu erwartender Ermittlungen im Bereich des Abgaben- oder in dem des Strafrechtes liegen wird, sollte entschieden werden, ob rechtzeitig (auch) ein einschlägig erfahrener Rechtsanwalt beigezogen wird. Anspruchsvolle Finanzstrafverfahren bedürfen in aller Regel einer interdisziplinären Bearbeitung durch spezialisierte Steuerberater und spezialisierte Rechtsanwälte. Kaum jemand wird in der Lage sein, das gesamten Spektrum Steuerrecht, Steuerverfahrensrecht, Finanzstrafrecht, Strafprozessrecht alleine abzudecken, Teamwork ist unbedingt erforderlich.

6.2 Beraterauswahl/Honorar

Das Verteidigungsteam muss bei anspruchsvollen Causen das erforderliche Gesamtprofil insgesamt abdecken. Der Betroffene muss sich darauf einstellen, dass bei derartigen Mandaten ein Akonto zu leisten sein wird, dessen Höhe von den absehbar zu erwartenden Schritten abhängen wird. Üblicherweise erfolgt die Honorarvereinbarung auf Basis von Stundensätzen, wobei für den Fall eines Verteidigungserfolges eine Erfolgskomponente nicht nur zulässig sondern vielfach auch sinnvoll sein wird. Die Erfolgskomponente sollte in diesem Fall immer für das gesamte Verteidigungsteam vereinbart werden, um die Kooperation zu fördern und das gemeinsame Ziel zu unterstreichen. Stundensätze für einschlägig erfahrene Berater werden sich in der Regel zwischen EUR 300,00 und EUR 400,00 bewegen.

6.3 Taktik: Kooperation oder Konfrontation?

Was hier als Gegensatz empfunden wird, darf in der Praxis keiner sein. Ein erfahrener Berater/Verteidiger wird je nach Situation und Notwendigkeit kooperativ agieren und dennoch die Konfrontation nicht meiden, wenn es die Interessen des Mandanten verlangen. Der Berater/Verteidiger wird mit dem Mandanten erörtern, welche taktischen Möglichkeiten in einer bestimmten Verfahrenssituation aus welchen Gründen sinnvoll eingesetzt werden sollten. Er wird in Abstimmung mit dem Mandanten die Entscheidung treffen, wie zu agieren ist. Er wird weder Kooperation noch Konfrontation um ihrer selbst willen vorschlagen, sondern stets nur, weil die eine oder die andere Vorgehensweise den Interessen des Mandanten in einer bestimmten Situation besser dient. Das soll wo immer möglich zu einer Erledigung des Strafverfahrens im Vorfeld führen. Ist das nicht möglich, endet auch dann die Kooperation nicht. Sie wird durchgängig zumindest verfahrensmäßig durch das Gesetz vorgegeben. Dem Beschuldigten wird eine bestimmte Rolle zugewiesen, die er wahrzunehmen hat und die ein Zusammenwirken mit den übrigen Verfahrensteilnehmern zwingend vorsieht.

Was ist aber „Konfrontation", wenn die Kooperation nie endet? Überwiegend wird dieser Begriff verwendet, wenn ein Beschuldigter seine Verfahrensrechte ausnützt und damit den Unwillen der Finanzstrafbehörde/des Gerichtes provoziert, die das jeweilige Vorgehen in der konkreten Verfahrenssituation für unangemessen halten.

Jeder Zugang zur Verteidigung in einer konkreten Strafsache beinhaltet Risken. Verhält sich der Beschuldigte in Erwartung eines bestimmten Ergebnisses inhaltlich „kooperativ", dh räumt er Umstände ein, stellt er Tatsachen außer Streit, lässt er sich vor genauer Kenntnis der aktenmäßigen Verdachtslage zur Sache ein, dann läuft er Gefahr sich festgelegt zu haben, sollte das als Belohnung des eigenen Verhaltens erwartete behördliche Verhalten nicht gesetzt werden.

Insbesondere im gerichtlichen Verfahren können aus Rücksicht auf die Verhandlungsatmosphäre in der Hauptverhandlung unterlassene Anträge nie wieder nachgeholt werden. Da die Beweiswürdigung nicht bekämpfbar ist, sind Verfahrensmängel oft die einzige Hoffnung, für eine zweite Chance. Der erfahrene Verteidiger erkennt meist nach relativ kurzer Verhandlungsdauer, „wohin der Hase läuft". Mimik, Wortwahl, Umgang mit den Beteiligten, verbale Gewichtungen, Meinungsäußerungen des Verhandlungsleiters lassen erkennen, ob dieser eine vorgefasste Meinung hat, welchen Inhalts diese ist und ob er von ihr gegebenenfalls abzugehen bereit ist. Davon wird die Empfehlung prozessualer Verhaltensweise an den Mandanten abhängen. Wegen der Stimmung einen Antrag nicht zu stellen beinhaltet stets ein großes Risiko. Der Mandant ist in die betreffende Entscheidung auf der Grundlage einer umfassenden Aufklärung über das Risiko einzubeziehen.

Selbstverständlich wird der Beschuldigte alle seiner Entlastung dienenden Beweismittel schon im Ermittlungsverfahren benennen, wenn er eine realistische Möglichkeit erkennt, eine Einstellung des Verfahrens zu erlangen. Sieht er diese Chance nicht, dann ist Vorsicht beim Umgang mit Entlastungsbeweisen im Ermittlungsverfahren geboten. Regelmäßig werden sie in Abwesenheit des Beschuldigten aufgenommen. Die tätig werdenden Organe der Finanzstrafbehörde gehen wegen ihrer Stellung im Verfahren zwangsläufig tendenziell von der Schuld des Beschuldigten aus und (ohne jede böse Absicht) mit dieser Sicht an die Beweisaufnahme heran. Die Formulierung der Protokolle stammt von ihnen, nicht vom Vernommenen. Unvermeidbar geht in die Wortwahl die Position des Vernehmenden ein. Mit dem Protokoll wird das Vorurteil des Vernehmenden an Spruchsenat, Staatsanwalt und Gericht weiter gereicht und erlangt mit der Zeit für das Strafverfahren Unsterblichkeit. Beweisanträge im Ermittlungsverfahren wird der erfahrene Verteidiger stets nur unter Berücksichtigung der damit verbundenen Gefahr ihrer Entwertung für das Erkenntnisverfahren stellen.

Dem steht nicht entgegen, dass insbesondere bei strafrechtlichen Prüfungen der Finanzbehörde eine differenzierte Taktik erforderlich ist. In den meisten Fällen wird eine differenzierte, entlastende Mitwirkung geboten sein. Man wird gegenüber der Finanzbehörde in Zwischenbesprechungen und in der Schlussbesprechung Sachverhalte aufklären, zu Unrecht erfolgte Verdächtigungen ins rechte Licht rücken, usw. Man wird darauf achten, dass der Abschlussbericht, der an die Staatsanwaltschaft erstattet wird, von den Einwendungen des Beschuldigten und des Verteidigers geprägt ist und damit unberechtigte Vorwürfe nicht mehr weiter transportiert werden. Dem von der Finanzbehörde erstatteten Abschlussbericht an die Staatsanwaltschaft kommt wesentliche Bedeutung zu, da sie faktisch die Position eines „Sachverständigen" zu Fragen des Steuerrechts einnimmt.

Auf das Ergebnis einer strafrechtlichen Prüfung und auf den Abschlussbericht kann durch qualifizierte Teilnahme, insbesondere des strafrechtlich erfahrenen, steuerlichen Beraters, wichtiger Einfluss genommen werden. In der Regel bestimmt dieser Abschlussbericht ganz wesentlich den Umfang des Strafverfahrens. Wenn eine Einstellung erwirkt werden kann, dann vielfach deswegen, weil bei der strafrechtlichen Prüfung Vorwürfe entkräftet werden konnten.

Stets soll effiziente Verteidigung entschlossen und frühzeitig ansetzen. Einerseits um die Verfestigung von Vorwürfen im Keim zu ersticken, andererseits um sicher zu stellen, dass nicht aus Unkenntnis oder falscher Einschätzung Rechte aufgegeben oder Selbstbelastendes artikuliert wird. Es wird in vielen Fällen erforderlich sein, Gutachten von Sachverständigen qualifiziert zu entkräften. Die Festlegung des Zeitpunktes der Beauftragung eines Privatgutachtens und seiner Verwendung im Verfahren erfordern neuerlich taktische Erfahrung. Soll es vor Vorliegen des behördlichen Gutachtens in Auftrag gegeben werden, soll es frühzeitig vorgelegt und damit dem „amtlichen" Sachverständigen die Möglichkeit eröffnet werden, rechtzeitig darauf zu reagieren?

Abschließend: Es geht bei guter Verteidigung nicht um Kooperation oder Konflikt. Unter Ausnutzung der Erfahrung der in die Verteidigung eingebundenen Berater geht es darum, die Interessen des Mandanten im Rahmen des Zulässigen stets bestmöglich zu fördern. Der Mandant soll möglichst in alle auch taktischen Entscheidungen eingebunden sein. Je nach Sinnhaftigkeit und Zweckmäßigkeit werden Konflikt und Kooperation in einem Verfahren koexistieren. Der Erfolg wird davon abhängen, ob die Einschätzungen richtig und die darauf basierende Wahl der Methoden die damit verbundenen Erwartungen erfüllte.

6.4 Beschleunigung oder Verzögerung?

Finanzstrafverfahren dauern in vielen Fällen Jahre. Selbst nach Zwangsmaßnahmen, zB einer Hausdurchsuchung, ruht der Akt gelegentlich jahrelang. Diese Situation kann für den Betroffenen sehr belastend sein. Die Möglichkeiten ein derartiges Verfahren zu beschleunigen, halten sich in engen Grenzen. Ob der Weg der Beschleunigung beschritten wird, hängt vielfach insbesondere auch vom Nervenkostüm des Betroffenen ab. Viele Unternehmer haben großes Interesse an rascher Abklärung einer belastenden Situation. Notwendiges, zukunftgerichtetes unternehmerisches Denken wird von derartigen schwelenden Vorwürfen nachhaltig beeinträchtigt. Andererseits darf nicht übersehen werden, dass es leichter ist in einem „Uraltverfahren" die Folgen gering zu halten. Die Konzessionsbereitschaft der Beteiligten nimmt mit den Jahren der Anhängigkeit eines Verfahrens überproportional zu.

Das Problem ist weitgehend akademisch. Liegen die Ursachen der langen Verfahrensdauer, was meist der Fall ist, in knappen behördlichen oder gerichtlichen Ressourcen, dann führt der Versuch verfahrensbeschleunigender Maßnahmen regelmäßig nicht zum angestrebten Erfolg. Umgekehrt, arbeiten Gericht oder Finanzstrafbehörde zügig, sind die Möglichkeiten der „Verfahrensverzögerung" beschränkt. Mit diesem Etikett werden dann meist Vorgangsweisen versehen, die anderen Zwecken, zB weiteren Beweisaufnahmen dienen. Die Etikettierung ist meist Ausdruck des Unverständnisses von Grundsätzen eines auch die Verteidigung sichernden Verfahrens.

7 Pro und Contra Deal

Das österreichische Strafrecht und Finanzstrafrecht kennen grundsätzlich keine Regelungen über Absprachen bzw Vergleiche im Strafrecht. Ein „Handel mit der Wahrheit" ist grundsätzlich nicht vorgesehen. Das „Ausdealen" eines strafrechtlichen Verfahrens und seines Ergebnisses kann bei entsprechendem Vorsatz strafbarer Amtsmissbrauch sein.

Andererseits können Absprachen, die vom Willen beider Parteien gekennzeichnet sind, auf Basis des vorliegenden Sachverhaltes, ein zutreffendes Verfahrensergebnis herbeiführen, sinnvoll und geboten sein. Hat zB die Abgabenbehörde im Rahmen einer strafrechtlichen Prüfung wesentliche, nicht widerlegbare Feststellungen getroffen, die klare Schlussfolgerungen auf die Tatbestandsmäßigkeit des angelasteten Verhaltens zulassen, wird es in vielen Fällen sinnvoll sein, bestimmte Delikte einzugestehen, um weitere detaillierte Ermittlungen abzuwenden, die dem Unternehmen wesentlichen Schaden zufügen würden.

Im Rahmen von strafrechtlichen Prüfungen hat sich als besonderes Bedrohungspotential der (abgabenrechtliche) Sicherstellungsauftrag herausgestellt: Hegt die prüfende Abgabenbehörde einen qualifizierten Verdacht im Hinblick auf Steuerverkürzungen und erscheint die Einbringlichkeit der Abgaben gefährdet, können die voraussichtlich nachzuerhebenden Abgaben geschätzt werden und entsprechende Sicherstellungsmaßnahmen auf dieser vorläufigen Basis verfügt werden (Sperre von Konten, Zession von Forderungen, Hypotheken auf Liegenschaften, etc). Derartige Sicherstellungsmaßnahmen können, insbesondere wenn sie in exzessiver Höhe verhängt werden, ein Unternehmen in kürzester Zeit an den Abgrund führen. In derartigen Fällen kann das Unternehmen oft nur durch sinnvolle Kooperation gerettet werden (vgl A.II.6.3).

Ein drohender Sicherstellungsauftrag wird vielfach die Kooperationsbereitschaft erhöhen.

Die österreichische Rechtsordnung normiert keine Möglichkeit einheitlicher Gesamtlösungen, die Abgabennachforderungen und die Strafe insgesamt und in Abhängigkeit zueinander einer Lösung zuführen. Die beiden Verfahren dürfen nicht gekoppelt werden. Die prüfende Abgabenbehörde kann keine Zusage machen, dass zB eine bestimmte Verkürzung keine Hinterziehung darstellt und daher nicht geahndet werden wird. Eine derartige Zusage wäre pflichtwidrig und unwirksam. In einem eingeschränkten Ausmaß kann eine Verknüpfung der Verfahrensergebnisse dennoch faktisch und rechtmäßig erreicht werden: Wenn zB der Betroffene die Frage klären möchte, ob eine festgestellte Verkürzung eine strafrechtliche Verfolgung nach sich ziehen wird, kann die zuständige Finanzstrafbehörde dem Verfahren beigezogen werden, um im zeitlichen Zusammenhang mit der Betriebsprüfung von deren Sicht Kenntnis zu erlangen. Liegt keine Gerichtszuständigkeit vor und ist Zuständigkeit des Einzelbeamten möglich, dann kann das Strafverfahren so rechtzeitig abgeschlossen werden, dass der Abgabenpflichtige das Prüfungsergebnis akzeptieren und einer steuerlichen Gesamtlösung mit Rechtsmittelverzicht zustimmen (vgl B.I.22.2) kann. Das Abgaben- und Strafverfahren bleiben aber auch in diesem Fall entkoppelt. Der Abgabepflichtige erfährt aber, dass entweder kein strafrechtlicher Verdacht besteht und daher auch bei potentieller gerichtlicher Zuständigkeit ein Anfallsbericht an die Staatanwaltschaft unterbleibt. Anderenfalls kann bei verwaltungsbehördlicher Zuständigkeit, für das strafbare Verhalten auch ein Straferkenntnis ergehen, sofern nicht Senatszuständigkeit gegeben ist (vgl B.I.22.1.2).

Eine Abklärung im Vorfeld kann aber taktisch unklug sein. Der Betriebsprüfer soll die Strafsachenstelle mittels Aktenvermerk auf einzelne strafrechtlich relevante Punkte hinweisen. Tut er das nicht, ist das Risiko einer strafrechtlichen Verfolgung gemindert, weil uU der zuständige Strafreferent die strafrechtliche Relevanz einzelner Feststellungen anhand des Prüfungsberichtes nicht erkennt. Weil die Qualität der strafrechtlichen Überprüfung auch im Hinblick auf die unterschiedlichen Ressourcen in den einzelnen Finanzämtern sehr uneinheitlich ist, kann auch bei vorliegendem Verdacht die Einleitung eines Finanzstrafverfahrens unterbleiben. Diese Tatsache spricht auch in vielen Fällen gegen eine mögliche Abführung eines – nur bei „kleinen" Verfahren möglichen – vereinfachten Verfahrens (vgl B.I.22.3).

Zu den einzelnen möglichen Fallkonstellationen bei Absprachen vgl B.I.22.2.

Die Grenze einer zulässigen Vorgehensweise ist jedenfalls dann überschritten, wenn sich die Parteien des Strafverfahrens nicht mehr um eine rechmäßige Lösung bemühen, sondern Vereinbarungen treffen, die der Aktenlage widersprechen und unrechtmäßig in die Entscheidungskompetenz von Kollegialorganen eingreifen.

Bei finanzbehördlicher Zuständigkeit kann durch Verzicht auf eine mündliche Verhandlung in machen Fällen eine sinnvolle ökonomische Verfahrensbeendigung herbeigeführt werden. Dies wird nur dann sinnvoll sein, wenn die Folgen (zB des Geständnisses) einigermaßen abschätzbar sind. Weder Amtsbeauftragter noch vorsitzender Richter können und dürfen Zusagen machen, dass die Strafe eine bestimmte Höhe ausmachen wird, sie können aber ihre eigene Rechtsauffassung vorbehaltlich der Auffassung des Senates zum Ausdruck bringen. Das Risiko, auf Basis einer derart unverbindlichen Erklärung einen Verzicht auf die mündliche Verhandlung auszusprechen, ist gering, da im Fall einer anderen als der in Aussicht gestellten Verfahrensbeendigung der Rechtsmittelweg zum UFS offen steht (vgl B.I.22.2.3). Im gerichtlichen Verfahren allerdings könnten im Vertrauen auf gleichartige Erklärungen unterlassene Anträge im Rechtsmittelverfahren nicht mehr nachgeholt werden.

8 Interventionen

Professionelle strafrechtliche Beratung und Verteidigung sollte vom gegenseitigen respektvollen Umgang der Prozessparteien miteinander gekennzeichnet sein. In aller Regel können dadurch schädliche Konfliktsituationen vermieden werden. Aufsichtsbeschwerden zB gegen Betriebsprüfer, die in einer strafrechtlichen Prüfung rechtswidrig vorgehen, werden nur in Ausnahmefällen sinnvoll sein. In der Regel wird man zwischenmenschlich weit mehr erreichen. Eine Eliminierung zB eines Betriebsprüfers wird kaum gelingen. Ähnliches gilt für das gerichtliche Finanzstrafverfahren. Eine Weisung an einen Staatsanwalt wird heutzutage kaum jemals erteilt. Die sorgfältige Überprüfung einer Anklage durch die Oberstaatsanwaltschaft und das BMfJ kann ein sinnvolles Korrektiv sein und ist bei schwierigen öffentlichkeitswirksamen Fällen ohnehin vorgesehen.

9 Koordination der Verteidigung

Wie bereits betont, wird bei schwierigen anspruchsvollen Finanzstrafrechtscausen eine Verteidigung im Team unentbehrlich sein. Die sinnvolle Steuerung dieses Teams und die geordnete Information an den/die Mandanten ist vorausschauend zu planen. Demnach bedürfen umfangreiche Fälle einer wohlüberlegten Koordination. Es sollte von vornherein ein Koordinator bestimmt werden, der die Verteidigungslinie koordiniert. Je nach dem ob der Schwerpunkt des Falles eher im Bereich der finanzbehördlichen Ermittlungen oder im Bereich des gerichtlichen Verfahrens liegt, wird der Koordinator eher ein Steuerberater oder ein Anwalt sein. Dies kann im Laufe eines Strafverfahrens durchaus wechseln. Wichtig ist, dass der Koordinator den Informationsfluss im Verteidigungsteam steuert und die Information des Mandanten sicherstellt. Der Koordinator darf keine sinnlose Selbstdarstellung betreiben, sondern muss im Sinne eines optimalen Verfahrensergebnisses dem Verteidigungsteam dienen.

Internationale Steuerstrafrechtsfälle, die die Bewältigung strafrechtlicher Risiken in verschiedenen Staaten zum Gegentand haben, erfordern darüber hinaus eine entsprechend differenzierte Projektplanung und Steuerung.

10 Bewahrung der Unbescholtenheit

Finanzbehördliche/gerichtliche Verurteilungen werden in ein Register eingetragen. Die finanzbehördliche Verurteilung wird in das Finanzstrafregister eingetragen, die gerichtliche Verurteilung in das allgemeine Strafregister.

Welchen Stellenwert haben nun derartige Eintragungen in die entsprechenden Register für den betroffenen Unternehmer/Geschäftsführer?

Diese Frage ist in der Praxis vor allem dann von Bedeutung, wenn es zu entscheiden gilt, ob ein Finanzstrafverfahren mit voller Entschlossenheit mit dem Ziel einer Einstellung des Verfahrens bzw eines Freispruchs geführt werden soll, oder ob man im Hinblick auf die niedrige zu erwartende Strafe, insbesondere bei Ablegung eines Geständnisses, bereit ist – vielfach auch im Hinblick auf erhebliche Verfahrenskosten – eine Verurteilung, die vielleicht nur mit deutlich höheren Kosten als die zu erwartende Strafe abzuwenden wäre, in Kauf zu nehmen, damit aber auch die Eintragung in ein Register.

Es kann sich auch die Frage stellen, ob zB eine gerichtliche Verurteilung mit allen Mitteln verhindert werden soll, wenn feststeht, dass für den Fall eines Freispruchs im gerichtlichen Verfahren ohnehin eine anschließende Verurteilung durch die Finanzstrafbehörde nicht zu verhindern sein wird.

Bei diesen Entscheidungen sind die Gesamtwirkungen einer finanzbehördlichen bzw gerichtlichen Verurteilung zu prüfen.

Wird der Täter von der Finanzstrafbehörde (Einzelbeamter oder Spruchsenat) verurteilt, so wird diese Verurteilung im Finanzstrafregister vermerkt. Die Eintragung wird 5 Jahre nach Bezahlung der Geldstrafe gelöscht. Begeht der Täter innerhalb dieser Tilgungsfrist von 5 Jahren abermals ein Finanzvergehen, so liegt der Straferschwerungsgrund der Tatwiederholung vor, die sich bei der Aburteilung des Zweitvergehens in einer erheblich strengeren Strafbemessung niederschlagen wird. Begeht der Täter dann neurlich ein Finanzvergehen, dh er wird insgesamt zum dritten mal verurteilt, so liegt qualifizierter Rückfall vor und der Strafrahmen für die Geldstrafe erhöht sich um 50%.

Von Bedeutung ist auch die Frage, wer Einblick in dieses Finanzstrafregister hat und ob die Finanzbehörde und insbesondere die Betriebsprüfung eine schärfere Vorgehensweise gegenüber einem Verurteilten an den Tag legen. Auskünfte aus dem Finanzstrafregister können Finanzstrafbehörden, Strafgerichte, Staatsanwaltschaften und das Bundesministerium für Finanzen erlangen, nicht die Finanzbehörde und damit nicht die Betriebsprüfung selbst. Der Betriebsprüfer, der in vielen Fällen auch für die Folgeprüfung zuständig sein wird, wird allerdings in der Regel wissen, dass es in Folge der letzten Betriebsprüfung zu einem Finanzstrafverfahren und zu einer Verurteilung gekommen ist. Sehr oft ist der Betriebsprüfer wichtiger Zeuge im Finanzstrafverfahren. Es ist daher nicht zu leugnen, dass der Betriebsprüfer dem verurteilten Unternehmer vielfach entsprechend kritischer entgegen treten wird und eine derartige Verurteilung faktisch einen „schwarzen Punkt" auf der weißen Weste des verurteilten Unternehmers hinterlässt.

Anderen als den angeführten staatlichen Behörden ist nur ausnahmsweise, wenn eine ausdrückliche gesetzliche Verpflichtung besteht, eine Auskunft aus dem Finanzstrafregister zu erteilen. Eine solche Auskunftserteilung ist zB an die Kammer der Wirtschaftstreuhänder für ihre Mitglieder vorgesehen. Eine bloß finanzbehördliche Verurteilung hat jedenfalls bei weitem nicht die gravierenden rechtlichen Folgen einer gerichtlichen Verurteilung. Eine finanzbehördliche Verurteilung kann insbesondere nicht zum Amtsverlust führen und auch nicht zum Ausschluss vom Recht zur Ausübung eines Gewerbes und zum Verlust der Gewerbeberechtigung (ausgenommen Verurteilungen wegen Schmuggels uä).

Eine gerichtliche Verurteilung wird im (gerichtlichen) Strafregister eingetragen. Die Tilgungsfrist im gerichtlichen Strafregister hängt bei Steuerhinterziehung von der Höhe und der Art der Strafe ab. Sie beträgt in der Regel 5 Jahre, bei Verhängung einer ein Jahr übersteigenden Freiheitsstrafe aber 10 Jahre. Zur Tatwiederholung gilt das oben zum verwaltungsbehördlichen Finanzstrafverfahren Gesagte. Auskünfte aus dem gerichtlichen Strafregister sind, wenn auf eine 3 Monate übersteigende Freiheitsstrafe erkannt wurde, allen inländischen Behörden und Dienststellen der Bundespolizei zugänglich sowie allen ausländischen Behörden, sofern Gegenseitigkeit besteht. Die Behörden und Dienststellen der Bundespolizei dürfen das Strafregister jedoch nur im Rahmen der ihnen gesetzlich jeweils eingeräumten Berechtigung abfragen.

Innerhalb der EG ist den Behörden der Mitgliedsstaaten die Einholung einer Strafregisterauskunft eines anderen Mitgliedsstaates möglich.

Die Abgabenbehörde und damit auch die Betriebsprüfung haben grundsätzlich Zugriff auf das gerichtliche Strafregister. Eine konkrete Berechtigung zur Abfrage durch die Betriebsprüfung gibt es jedoch kaum. Der Betriebsprüfer bzw die entsprechende Gruppe innerhalb der Betriebsprüfung werden aber aus ihrer Tätigkeit Kenntnis vom Finanzstrafverfahren und der entsprechenden Verurteilung haben, was wiederum zu den oben angeführten Konsequenzen führt.

Eine gerichtliche Verurteilung kann schwerwiegende Rechtsfolgen nach sich ziehen: Wird der Täter zu einer Freiheitsstrafe von mehr als einem Jahr oder einem unbedingten Strafteil von mehr als 6 Monaten verurteilt, so tritt Amtsverlust ein. Dh ein Beamter geht seines Amtes verlustig. Weitere, mit der gerichtlichen Verurteilung verbundene Rechtsfolgen sind insbesondere:

- Mit der gerichtlichen Verurteilung zu einer Freiheitsstrafe von mehr als 3 Monaten ist der (nachsehbare) Ausschluss vom Recht zur Ausübung eines Gewerbes bzw der (gleichfalls nachsehbare) Verlust der Gewerbeberechtigung verbunden.
- Mit der Verurteilung wegen einer Vorsatztat zu einer mehr als einjährigen Freiheitsstrafe endet der Vertrag des Vertragsarztes mit der Sozialversicherung, ohne dass es einer Kündigung bedürfte.
- Bei Verurteilung wegen einer mit mehr als einjähriger Freiheitsstrafe bedrohten Vorsatztat, wegen einer mit Bereicherungsvorsatz begangenen strafbaren Handlung oder wegen verschiedener Finanzvergehen geht die Lehrlingsausbildungsbefugnis verloren.
- Wird ein Geschäftsleiter eines Kreditinstitutes gerichtlich zu einer Freiheitsstarafe von mehr als 3 Monaten verurteilt, dann darf er diese Funktion nicht mehr ausüben.

Der Amtsverlust und alle anderen Rechtsfolgen der Verurteilung können vom Gericht unabhängig zur Hauptstrafe bedingt, dh auf Bewährung, nachgesehen werden.

Eine gerichtliche Verurteilung hat demnach erheblich gravierendere Folgen, insbesondere auch im Hinblick auf die Behinderung von Erwerbschancen des Betroffenen, als eine finanzbehördliche Verurteilung.

Wie unter B.I.20 dargestellt, ist auch das Unternehmen unter bestimmten Voraussetzungen für Straftaten von Entscheidungsträgern bzw Mitarbeitern verantwortlich.

Auch eine derartige Verurteilung des Unternehmers wegen eines Finanzvergehens wird in das Finanzstrafregister bzw in das (gerichtliche) Strafregister eingetragen. Somit wird nicht nur der verurteilte Täter, sondern auch das betroffene verantwortliche Unternehmen gebrandmarkt.

Fallweise wird von Verteidigern der Rat erteilt, dass eine gerichtliche Verurteilung wesentliche Vorteile mit sich bringen kann und daher bei „Wahlmöglichkeit" die gerichtliche Zuständigkeit vorzuziehen sei. Ausnahmsweise kann tatsächlich die Möglichkeit bestehen, eine gerichtliche Zuständigkeit durch Unterlassen von Einwendung zu erlangen und damit die finanzbehördliche quasi zu ersetzen. So zB wenn ein Verkürzungsbetrag von mehr als EUR 75.000,00 zu Unrecht vorgeworfen wird und der Beschuldigte Einwendungen nicht erhebt, die eine entsprechende Reduktion des Verkürzungsbetrages nach sich ziehen würde; weiters könnte sich die Konstellation ergeben, dass der Vorwurf der Hinterziehung erhoben wird und tragfähige Argumente dagegen (zB Irrtum) vom Beschuldigten nicht eingewendet werden, um nicht von der gerichtlichen in die finanzbehördliche Zuständigkeit zu wechseln.

Dieses Argument der wesentlichen finanziellen Vorteile einer gerichtlichen Verurteilung gegenüber einer finanzbehördlichen Verurteilung kann tatsächlich skurrilerweise zutreffen. Im gerichtlichen Verfahren besteht – anders als im finanzbehördlichen Verfahren – die Möglichkeit einer (teilweise) bedingten Nachsicht der Geld- und auch der Freiheitsstrafe. Von den Gerichten wird diese Möglichkeit der bedingten Strafnachsicht insbesondere dann genützt, wenn die hinterzogene Abgabe bezahlt wurde. Jedenfalls ist aber deren Bezahlung Auflage der bedingten Strafnachsicht. Zu einer endgültigen Strafnachsicht kommt es, wenn sich der Verurteilte wohlverhält, sprich innerhalb der bestimmten Probezeit keine weitere, einschlägige Straftat begeht.

Dieser möglichen Reduktion der gerichtlichen Strafe stehen allerdings gravierende Nachteile gegenüber: Das gerichtliche Strafregister ist – wie oben ausgeführt – allen inländischen und auch ausländischen Behörden innerhalb der EG zugänglich. Die gerichtliche Strafe kann zu gravierenden Nebenfolgen, wie zB Amtsverlust bzw Verlust der Gewerbeberechtigung führen.

Im Fall der Gerichtszuständigkeit besteht, anders als bei verwaltungsbehördlicher Zuständigkeit, die Möglichkeit erhebliche Freiheitsstrafen zu verhängen. Gerade diesem letzten Gesichtspunkt wurde in der Praxis bislang wenig Stellenwert zugemessen, weil bei Finanzvergehen neben der zwingend zu verhängenden Geldstrafe kaum Freiheitsstrafen verhängt wurden. Dies kann und wird sich im Hinblick auf die erst seit kurzem anwendbaren, erheblich erhöhten Freiheitsstrafrahmen (vgl A.I.3.) ändern.

Weiters ist zu bedenken, dass ein gerichtliches Strafverfahren regelmäßig erheblich aufwendiger und daher mit erheblich höheren Verfahrenskosten verbunden sein wird.

Der Rechtschutz im finanzbehördlichen Finanzstrafverfahren ist auch erheblich umfassender ausgestaltet, als der im gerichtlichen Verfahren: Das gerichtliche Urteil kann in seinem Ausspruch über die Schuld nur mit Nichtigkeitsbeschwerde bekämpft werden, eine Berufung steht nur wegen des Strafausspruches zur Verfügung. Ein finanzbehördliches Erkenntnis kann hingegen mit Berufung sowohl wegen Verfahrensfehlern, als auch wegen inhaltlicher Rechtswidrigkeit oder wegen unzutreffender Beweiswürdigung beim UFS bekämpft werden. Im Verfahren vor dem UFS herrscht auch kein Neuerungsverbot, das heißt, dass auch in 1. Instanz nicht vorgebrachte Argumente und Beweise Berücksichtigung finden können. Bei verwaltungsbehördlicher Zuständigkeit kann in letzter Konsequenz die Verletzung einfach gesetzlicher Rechtsvorschriften vor dem VwGH gerügt werden, die Verletzung verfassungsgesetzlich gewährleisteter Rechte, insbesondere von Grundrechten, kann auch an den VfGH herangetragen werden. Diese umfassenden Rechtsschutzmöglichkeiten sind im gerichtlichen Verfahren weitgehend verwehrt.

Der Beschuldigte und sein Verteidiger sollten daher nur in außergewöhnlichen Ausnahmefällen bestrebt sein, anstelle einer verwaltungsbehördlichen, eine gerichtliche Zuständigkeit zu erlangen.

B FALLGESTALTUNGEN DER PRAXIS

Vorbemerkung:

Nachfolgend werden die in der Praxis typischerweise auftretenden Fallgestaltungen von Abgabenhinterziehungen jeweils mit Lösungen dargestellt, wobei die Gliederung nach folgenden Kriterien erfolgt:

Unter I werden die Fälle nach der Struktur des Allgemeinen Teiles des FinStrG dargestellt. In Teil II werden die Fallgestaltungen nach den typischen, in der Praxis vorkommenden Fallgruppen dargestellt und in Teil III werden die spezifischen Hinterziehungsfälle nach unterschiedlichen Steuerarten, soweit Besonderheiten zu beachten sind, erörtert. Soweit es in den einzelnen Teilen I–III zu Überschneidungen kommt, erfolgt ein Verweis.

ABGABENHINTERZIEHUNG – FALLGRUPPEN NACH DER STRUKTUR DES FINANZSTRAFRECHTS

1 Verkürzung durch aktives Tun

1.1 Abgabe einer unrichtigen Jahressteuererklärung

Der Abgabepflichtige A gibt seine Einkommensteuererklärung für 2004 im Juni 2005 ab. Die Steuererklärung enthält alle steuerpflichtigen Einkünfte mit Ausnahme der Kapitalerträge aus einem Schweizer Wertpapierdepot, die in Österreich der Veranlagungsendbesteuerung unterliegen würden. Der erklärungskonforme Bescheid ergeht am 15. September 2005.

Lösung:

Mit Abgabe der unvollständigen Einkommensteuererklärung hat A seine abgabenrechtliche Offenlegungspflicht verletzt und eine Abgabenhinterziehung versucht (zu den Einzelaspekten des Versuches siehe B.I.10). Mit Ergehen des erklärungskonformen Steuerbescheides ist die Abgabenhinterziehung vollendet. Der Vorsatz im Hinblick auf die Verletzung der Offenlegungspflicht und die Herbeiführung der Verkürzung wird bei Verschweigen wesentlicher Einkunftsquellen regelmäßig zu unterstellen sein, sofern nicht ausnahmsweise glaubwürdige Gründe vorliegen. Die strafrahmenbestimmende Höhe der Verkürzung ergibt sich aus der Differenz zwischen zutreffend festzusetzender Einkommensteuer und zu Unrecht – in Folge Abgabe einer unvollständigen Erklärung – zu niedrig festgesetzter Einkommensteuer.

1.2 Verspätete Abgabe einer Jahressteuererklärung

Der Abgabepflichtige A gibt seine Steuererklärung für 2004 unter Inanspruchnahme der erlassmäßigen Fristerstreckung durch Steuerberater vertretene Abgabepflichtige erst am 31. Jänner 2006 ab. Die Steuererklärung ist unvollständig und umfasst die Vermietungseinkünfte aus einer Liegenschaft nicht. Der Steuerbescheid ergeht am 31. März 2006.

Lösung:

Von Gesetzes wegen wird dem Einkommensteuerpflichtigen aufgetragen, die Steuererklärung bis spätestens 30. Juni des Folgejahres abzugeben (bei elektronischer Einreichung, wobei im Zweifel von dieser Frist auszugehen ist).

Gibt der Abgabepflichtige seine Einkommensteuererklärung bis Ende der gesetzlichen Erklärungsfrist nicht ab, so hat er damit – sofern er steuerlich (hier einkommensteuerlich) nicht erfasst ist – bei Vorliegen eines entsprechenden Tatvorsatzes die Abgabenhinterziehung vollendet. Die erlassmäßigen längeren Fristen für vertretene Abgabepflichtige schieben diesen Vollendungszeitpunkt nicht hinaus, führen aber in der Praxis dazu, dass bei späterer Abgabe der Einkommensteuererklärung innerhalb der erlassmäßigen Fristen ein Hinterziehungsvorsatz nicht angenommen wird.

Somit wurde auch in diesem Fall die Abgabenhinterziehung des A erst durch Abgabe der Steuererklärung am 31. Jänner 2006 versucht und durch Ergehen des erklärungskonformen Bescheides am 31. März 2006 vollendet.

2 Abgabenverkürzung durch Unterlassen

2.1 Nichtabgabe einer Jahressteuererklärung

2.1.1 Steuerlich erfasster Abgabepflichtiger

Der Abgabepflichtige A hat ursprünglich bei Aufnahme seiner gewerblichen Tätigkeit eine Betriebseröffnungsanzeige abgegeben und ist seit diesem Zeitpunkt einkommensteuerlich erfasst (E-Signal). Aufgrund von Arbeitsüberlastung und finanzieller Schwierigkeiten gibt A für 2004 dauerhaft keine Einkommensteuererklärung ab, somit auch nicht innerhalb der erlassmäßig verlängerten Abgabefristen. A rechnet mit einer Schätzung seiner Einkünfte durch die Abgabenbehörde, die, wie A meint und wie die Erfahrung lehrt, ohnehin überhöht ausfallen wird.

Lösung:

Nach der klaren gesetzlichen Reglung kann ein Abgabepflichtiger, der abgabenrechtlich erfasst ist, durch Nichtabgabe einer Steuererklärung eine Abgabenhinterziehung nicht vollenden. Sonderbarerweise nimmt die Rechtsprechung aber an, dass er dennoch – entsprechenden Tatvorsatz vorausgesetzt – die Abgabenhinterziehung versuchen kann. Dieser Tatvorsatz ist nach stRsp dann ausgeschlossen, wenn sich der Abgabepflichtige schlau verantwortet und erklärt, dass er ohnehin mit einer überhöhten Schätzung gerechnet habe; eine derartige überhöhte Schätzung entspreche, so auch der OGH, der Lebenserfahrung. Die Tatsache, dass es durch die Nichtabgabe der Steuererklärung zu einer Verzögerung der Abgabenfestsetzung kommt, führt in diesen Fällen – ausnahmsweise – nicht zur Annahme einer Abgabenhinterziehung.

Zu den Anforderungen an den Hinterziehungsvorsatz im Hinblick auf die Höhe und den Zeitpunkt der Verkürzung siehe B.I.9.

2.1.2 Steuerlich nicht erfasster Abgabepflichtiger

Der Abgabepflichtige A hat seine gewerbliche Tätigkeit im Jahr 2004 aufgenommen und seine Betriebseröffnung der Abgabenbehörde nicht angezeigt (Unterlassung der Betriebseröffnungsanzeige). In der Folge unterlässt A die Abgabe der Einkommensteuererklärung für 2004 auf Dauer.

Lösung:

Die Nichtanzeige der Betriebseröffnung stellt noch keine versuchte Einkommensteuerjahresverkürzung dar. Der Nichtanzeige fehlt es dafür an der erforderlichen Ausführungsnähe (zur Abgrenzung Vorbereitung Versuch siehe B.I.10).

Durch die Nichtanzeige der Betriebseröffnung unterbleibt allerdings die Festsetzung von Einkommensteuervorauszahlungen. Demnach könnte die Nichtanzeige eine Abgabenhinterziehung im Hinblick auf diese festzusetzenden Einkommensteuervorauszahlungen darstellen. Dies wird regelmäßig nicht der Fall sein, weil nachträglich kaum festgestellt werden kann, dass steuerbare Einkünfte absehbar gewesen sind. In der Praxis wurden in derartigen Fällen bislang niemals Einkommensteuervorauszahlungshinterziehungen geahndet.

Zu den Sonderproblemen bei USt-VZ-Hinterziehung bei derartigen Fällen siehe unten B.III.1.

Durch Nichtabgabe der Einkommensteuerjahreserklärung innerhalb der gesetzlichen Erklärungsfrist (30. Juni 2005) ist die Einkommensteuerhinterziehung des steuerlich nicht erfassten A vollendet.

Ausnahmsweise könnte eine Verwirklichung des Tatbestandes am Nichtvorliegen des Vorsatzes scheitern, weil der Abgabepflichtige – wenn auch nicht unverschuldet – zB über die gesetzliche Erklärungsfrist geirrt hat (zu den Rechtsfolgen des Irrtums vgl B.I.12.1).

2.2 Gleichwertigkeit des Unterlassens mit der Begehung durch Tun im Hinblick auf den Unwertgehalt

Der einkommensteuerlich erfasste A gibt dauerhaft keine Einkommensteuererklärung für 2004 ab und rechtfertigt sich damit, dass seine Einkunftsquelle ohnehin dem Grunde nach der Abgabenbehörde bekannt sei und diese ja nur schätzen müsse, um eine Einkommensteuerfestsetzung herbeizuführen.

Lösung:

Auch im Finanzstrafrecht ist eine Begehung durch Unterlassen nur dann strafbar, wenn dieses Unterlassen im Hinblick auf den Unwertgehalt einer Begehung durch Tun gleichwertig ist. Dies ist genau nicht der Fall, wenn der Abgabepflichtige davon ausgehen kann, dass eine Erwerbstätigkeit dem Grunde nach der Behörde bekannt ist und daher die Behörde mit einer Schätzung vorgehen wird. Die Rechtsprechung berücksichtigt dieses Argument im Wesentlichen durch die Überlegung, dass – wie oben dargestellt (B.I.2.1.1) – kein Vorsatz vorliegt, wenn der Abgabepflichtige mit einer ohnehin überhöhten Schätzung rechnet.

Die Gleichwertigkeit des Unterlassens mit der Begehung durch Tun ist allerdings dann regelmäßig gegeben, wenn der Abgabepflichtige zwar dem Grunde nach einkommensteuerlich erfasst ist, aber nicht alle Einkunftsquellen (zB die Vermietung einer Liegenschaft oder die Kapitaleinkünfte eines bestimmten Depots) der Abgabenbehörde dem Grunde nach bekannt sind.

Folglich kann der Abgabepflichtige nicht davon ausgehen, dass die Schätzung der Abgabenbehörde diese Einkünfte umfassen wird, weil ja diese Einkünfte der Behörde auch dem Grunde nach nicht bekannt sind. Insoweit kommt versuchte Hinterziehung in Betracht.

2.3 Unterlassung der Berichtigungsanzeige

2.3.1 Berichtigungspflicht des Vorsatztäters

Der Abgabepflichtige A hat wie jedes Jahr auch im Jahr 2005 die Kapitaleinkünfte aus seinem Depot in Liechtenstein nicht in der Steuererklärung angesetzt. Mitte 2006 ergeht der erklärungskonforme Bescheid.

Lösung:
A hat vorsätzlich durch Nichtaufnahme dieser ausländischen Kapitaleinkünfte Einkommensteuer hinterzogen. A erkennt damit nicht nachträglich – wie es die einschlägige Berichtigungsvorschrift der BAO vorsehen würde – dass er seiner Erklärungspflicht nicht entsprochen hat. A hat dies vielmehr schon im Zeitpunkt der Tat geplant. Eine Berichtigungspflicht trifft A daher nicht, weil er vorsätzlich gehandelt hat.

A hat die Straftat der vorsätzlichen Abgabenhinterziehung zu verantworten.

2.3.2 Berichtigungspflicht des Fahrlässigkeitstäters

Der Abgabepflichtige A hat vergessen, bestimmte Einkünfte in seine Einkommensteuererklärung 2005 aufzunehmen. Nachdem der Bescheid ergeht, erkennt A, dass seine Einkommensteuererklärung unvollständig war und dass bestimmte Einkünfte noch zu erklären gewesen wären.

Lösung:
Die mangelnde Aufnahme der entsprechenden Einkünfte erfolgte nicht vorsätzlich, sondern lediglich aufgrund der Verletzung der entsprechenden Sorgfalt.

A erkennt daher in diesem Fall nachträglich die von ihm verletzte Steuererklärungspflicht. Ihn trifft die Berichtigungspflicht nach BAO.

Die Unterlassung der Berichtigungsanzeige stellt nach hA lediglich eine Finanzordnungswidrigkeit dar, die jedoch nicht gesondert geahndet wird, weil dieses Vergehen durch die bereits begangene fahrlässige Abgabenverkürzung miterfasst ist.

2.3.3 Berichtigungspflicht bei Erkennen vor Ergehen des Bescheides

Der Abgabepflichtige A hat so wie im vorangegangenen Fall I.2.3.2 fahrlässig eine unrichtige Steuererklärung 2005 abgegeben. Noch vor Ergehen des Bescheides erkennt A nunmehr, dass die Erklärung unvollständig war und dass weitere Einkünfte zu erklären gewesen wären.

Lösung:
A erkennt in diesem Fall noch vor Vollendung der Tat (vor Ergehen des Steuerbescheides) und auch nachträglich (nachdem er die Steuererklärung

abgeben hat), dass er seiner Erklärungspflicht nicht entsprochen hat. Dieser nunmehrige Vorsatz, der noch vor Vollendung der Tat entsteht, hat zur Folge, dass A bei Unterlassen der Berichtigungsanzeige Abgabenhinterziehung (Vorsatz!) zu verantworten hat.

Die Nichtberichtigung hat daher in diesem Fall erhebliche strafrechtliche Konsequenzen!

2.3.4 Berichtigungspflicht bei unrichtigem Steuerbescheid trotz rechtmäßiger Steuererklärung

Der Abgabepflichtige A hat eine zutreffende Steuererklärung für 2005 abgegeben. Aufgrund eines Eingabefehlers des Finanzamtes werden die Gewinne aus Gewerbebetrieb als Verluste aus Gewerbebetrieb behandelt und es ergibt sich daher aus dem in der Folge ergehenden Bescheid keine Einkommensteuerbelastung. A erhält hocherfreut diesen fehlerhaften Bescheid und überlegt nun, ob ihn eine Verpflichtung trifft, diesen Fehler der Behörde mitzuteilen.

Lösung:

Eine Berichtigungspflicht entsteht nur, wenn der Abgabepflichtige nachträglich erkennt, dass eine von ihm abgegebene Steuererklärung unzutreffend war. In diesem Fall trifft diese Voraussetzung nicht zu. A trifft trotz der Tatsache, dass der Bescheid unrichtig ergeht, in diesem Fall keinerlei Berichtigungspflicht.

Der rechtswidrige Einkommensteuerbescheid bildet eine – solange der Bescheid besteht und nicht behoben wird – taugliche Rechtsgrundlage auch für das Behalten der zu Unrecht nicht vorgeschriebenen Steuer. Die Nichtberichtigung kann daher auch keinen anderen Straftatbestand im Sinne des Strafgesetzbuches auslösen (Betrug, Veruntreuung, Unterschlagung).

Dennoch wird A dringend zu raten sein, aus Fairnessüberlegungen die Finanzbehörde zu informieren; jedes andere Verhalten hätte wohl eine dauerhafte Verschlechterung des Klimas mit der Finanzbehörde zur Folge. Weiters ist zu berücksichtigen, dass die Finanzbehörde spätestens im Zeitpunkt einer abgabenrechtlichen Prüfung diesen Fehler ohnehin erkennen wird und dann nicht nur die Steuer vorschreiben wird, sondern auch eine entsprechende Anspruchsverzinsung.

2.3.5 Berichtigungspflicht des Neugeschäftsführers

GF1 ist Geschäftsführer der X GmbH und hat in dieser Funktion alljährlich erhebliche Beträge an KSt durch Abgabe unrichtiger KSt-Erklärungen hinterzogen.

Im Anschluss einer Unternehmenstransaktion wird GF1 vom neuen Anteilseigner abberufen und ein neuer Geschäftsführer GF2 bestellt. GF2 ist sehr sorgfältig und gibt bei Übernahme seiner GF-Funktion einen „Tax Due Diligence" in Auftrag, bei dem die Malversationen seines Vorgängers festgestellt werden.

Lösung:

Den „Neugeschäftsführer" GF2 trifft die Berichtigungspflicht nach BAO. Allerdings stellt die Nichtberichtigung keine Abgabenhinterziehung dar, weil diese schon vom Vorgänger GF1 vollendet wurde und eine nachträgliche Beteiligung nach Vollendung der Tat (vgl Fall B.I.11.4) nicht mehr in Frage kommt. Die Nichtberichtigung durch GF2 stellt daher lediglich eine Finanzordnungswidrigkeit dar. Einschlägige Judikatur zu dieser Frage liegt in Österreich noch nicht vor.

3 Herbeiführen einer Abgabenverkürzung

3.1 Bloße Verletzung der Verpflichtung zur Abgabe der Steuererklärung

Der Abgabepflichtige A gibt für 2004 keine Einkommensteuererklärung ab. Er hat in diesem Jahr aus seiner einzigen Einkunftsquelle, seinem Gewerbebetrieb, einen Verlust erlitten.

Lösung:

Durch die Nichtabgabe der Steuererklärung wird keine Einkommensteuerverkürzung bewirkt, weil sich für dieses Jahr keine steuerpflichtige Bemessungsgrundlage ergibt. Durch die Nichtabgabe der Steuererklärung hat A lediglich eine Offenlegungspflicht verletzt. Dies stellt jedoch mangels Verkürzung keine Hinterziehung dar, sondern lediglich eine mit bescheidener Geldstrafe (bis zu EUR 3.625,00) vom Finanzamt zu ahnende Finanzordnungswidrigkeit.

3.2 Bloße Nichtentrichtung von Abgaben

Der Abgabepflichtige A hat eine zutreffende Einkommensteuererklärung für 2004 abgegeben. Dementsprechend ist ein rechtmäßiger Bescheid ergangen. In der Folge werden die vorgeschriebenen Abgaben nicht entrichtet und auch keine Stundung beantragt.

Lösung:

Die bloße Nichtzahlung von Abgaben, ohne Verletzung einer abgabenrechtlichen Anzeige-, Offenlegungs- oder Wahrheitspflicht kann niemals eine Abgabenhinterziehung darstellen. Die Nichtzahlung ist sanktionslos und führt nur zur Festsetzung von abgabenrechtlichen Nebenansprüchen (insbesondere Säumniszuschläge).

3.3 Erwirken einer Stundung durch Täuschung

Der Abgabepflichtige A möchte nach rechtmäßiger Bescheiderlassung der Einkommensteuer 2004 den Zahlungszeitpunkt hinausschieben, ohne dass berücksichtigungswürdige Gründe für eine Stundung vorliegen. Er täuscht die Abgabenbehörde über das Vorliegen derartiger Gründe und erlangt eine Stundung.

Lösung:

Eine Abgabenhinterziehung liegt nicht vor. Die Rechtsordnung sieht für derartige Fälle eine besondere Strafbestimmung – allerdings lediglich eine vom Finanzamt zu ahndende Finanzordnungswidrigkeit – vor.

3.4 Hinterziehung durch erschlichene Nachsicht

Der Abgabepflichtige A versucht nach Ergehen des rechtmäßigen Einkommensteuerbescheides 2004 die Abgabenentrichtung dadurch zu verhindern, dass er einen Nachsichtantrag stellt und darin die Behörde über das Vorliegen berücksichtigungswürdiger Gründe für die Nachsicht (unbillige Härte) täuscht.

In der Folge wird die Nachsicht genehmigt.

Lösung:

Durch Stellung des Nachsichtsansuchens, in dem vorgetäuschte Gründe vorgebracht werden, ist die Abgabenhinterziehung versucht und durch Ergehen des entsprechenden Nachsichtsbescheides die Hinterziehung vollendet. Beide objektiven Tatbestandsmerkmale einer Hinterziehung – Verletzung einer abgabenrechtlichen Wahrheitspflicht und Herbeiführen einer Verkürzung – sind erfüllt.

4 Verletzung einer abgabenrechtlichen Anzeige-, Offenlegungs- oder Wahrheitspflicht

Der Abgabepflichtige A ist Rechtsanwalt und bildet in seiner Einkommensteuererklärung für 2004 – entgegen den einkommensteuerrechtlichen Vorschriften – eine Rücklage für nicht entnommenen Gewinn, die die Einkommensteuerbemessungsgrundlage mindert. A weist in der Beilage zur Einkommensteuererklärung ausdrücklich darauf hin, dass er diese Rücklage entgegen den gesetzlichen Vorschriften bildet, weil er diese Einschränkung für selbständige Einkünfte für verfassungswidrig hält.

Lösung:

Durch Abgabe dieser, den gesetzlichen Vorschriften widersprechenden Einkommensteuererklärung, wird keine Verletzung der gesetzlichen Offenlegungspflicht bewirkt, weil in der Beilage zur Steuererklärung alle abgabenrechtlich maßgebenden Tatsachen dargestellt wurden und die Abgabenbehörde in der Lage ist, ihre den gesetzlichen Vorschriften entsprechende rechtliche Beurteilung anzuwenden. Unabhängig davon, ob im gegebenen Fall ein bedeutsamer Irrtum vorliegt, der den Vorsatz ausschließt (siehe dazu B.I.12) mangelt es an einer Verletzung der Offenlegungspflicht, sodass keine Abgabenhinterziehung und auch keine fahrlässige Abgabenverkürzung vorliegen kann.

5 Abgabenverkürzung und sachlicher Anwendungsbereich

5.1 Unterlassung der Gebührenanzeige

Die Muttergesellschaft M hat ihrer Tochtergesellschaft T ein gebührenpflichtiges Gesellschafterdarlehen gewährt. Der Geschäftsführer der Muttergesellschaft unterlässt vorsätzlich eine fristgerechte Gebührenanzeige, sodass die Gebühr nicht festgesetzt werden kann.

Lösung:

Aufgrund ausdrücklicher gesetzlicher Anordnung ist das Finanzstrafgesetz auf Gebühren nicht anwendbar. Bei Nichtanzeige gebührenpflichtiger Rechtsgeschäfte droht lediglich eine Gebührenerhöhung.

5.2 Nichtabfuhr Kommunalsteuer

Die Gewerbetreibende G beschäftigt in ihrem Unternehmen auch Dienstnehmer „schwarz" ohne Lohnabgaben (Lohnsteuer, DB, DZ, Kommunalsteuer und Sozialversicherungsbeiträge) abzuführen.

Lösung:

Lohnsteuer und Dienstgeberbeitrag stellen bundesgesetzliche Abgaben, die von Abgabenbehörden des Bundes zu erheben sind, dar und fallen daher unter das Finanzstrafgesetz. Insoweit liegt eine bei Zutreffen der allgemeinen Voraussetzungen strafbare Abgabenhinterziehung vor (zur LSt-Hinterziehung im Einzelnen siehe B.III.2). Die Kommunalsteuer stellt zwar eine bundesrechtlich geregelte, aber nicht von Abgabenbehörden des Bundes zu erhebende Abgabe dar; die Nichtabfuhr der Kommunalsteuer kann daher keine Abgabenverkürzung iSd Finanzstrafgesetzes darstellen. Es droht allerdings eine verwaltungsbehördliche Sanktion nach den Bestimmungen der jeweiligen Landesabgabenordnung. Im Übrigen ist nicht das Finanzstrafgesetz, sondern das Verwaltungsstrafgesetz bei der Nichtabfuhr von Kommunalsteuer anwendbar. Zu einer möglichen Strafbarkeit nach dem StGB vgl B.I.18.

6 Täter der Abgabenverkürzung

6.1 Die offenlegungspflichtige Person

Der Abgabepflichtige A gibt für 2004 eine unvollständige Steuererklärung ab (analog zu B.I.1.1).

Lösung:

A ist persönlich verantwortlich, dass er seine abgabenrechtliche Offenlegungspflicht erfüllt. Bei Verletzung dieser persönlichen Offenlegungspflicht ist A selbst unmittelbarer Täter (zu den verschiedenen Täterschaftsformen vgl B.I.11).

6.2 Die für die juristische Person zur Offenlegung Verpflichteten

Der Geschäftsführer GF der X GmbH gibt für 2004 für die X GmbH vorsätzlich eine unvollständige Körperschaftssteuererklärung ab.

Lösung:

Nach den einschlägigen Bestimmungen der BAO haben die Organe von juristischen Personen die abgabenrechtlichen Verpflichtungen dieser juristischen Personen wahrzunehmen. Nach hA ist der GF der unmittelbare Täter einer Abgabenverkürzung im Hinblick auf die abgabenrechtlichen Verpflichtungen der von ihm geleiteten Kapitalgesellschaft. Dies gilt nach hA nicht nur für organschaftliche Vertreter, sondern auch für faktisch Wahrnehmende (faktische Geschäftsführer, die handeln, als wären sie Geschäftsführer).

Andere Personen können, wenn sie die Tat in irgendeiner Weise fördern oder den unmittelbaren Täter dazu bestimmen, zwar nicht unmittelbare Täter wohl aber Beitrags- oder Bestimmungstäter sein (zu den verschiedenen Täterschaftsformen vgl B.I.11.

6.3 Die juristische Person (das Unternehmen) als Verantwortlicher

Der Geschäftsführer GF der X GmbH gibt für die X GmbH vorsätzlich die unvollständige Körperschaftssteuererklärung 2006 ab.

Lösung:

Neben GF ist nunmehr ab 1. Jänner 2006 auch die juristische Person (X GmbH) selbst strafrechtlich verantwortlich und wird im Rahmen des Finanzstrafgesetzes gesondert mit einer Geldbuße belegt, wenn ein Organ bzw ein Mitarbeiter unter bestimmten Voraussetzungen eine Abgabenverkürzung im Rahmen des Unternehmens begeht (zu den Fallgestaltungen bei Verbandsverantwortlichkeit vgl B.I.20).

7 Abgabenhinterziehung – örtlicher Geltungsbereich

7.1 Verkürzung durch einen Ausländer

Der ausschließlich in den USA ansässige Abgabepflichtige B hat im Jahr 2004 in Österreich ein Grundstück erworben und kurz darauf – innerhalb der Spekulationsfrist – gewinnbringend veräußert. B hat Österreich nie betreten und immer nur im Ausland gehandelt.

Der in Österreich beschränkt steuerpflichtige Spekulationsgewinn wird nicht erklärt.

Lösung:

Auch wenn B Ausländer ist und nur im Ausland gehandelt hat, ist B dennoch in Österreich strafbar, wenn ihn eine österreichische Handlungspflicht trifft und er diese verletzt. Im konkreten Fall hat B die österreichische Einkommensteuererklärungspflicht verletzt und daher – bei Zutreffen der übrigen Voraussetzungen – eine strafbare Hinterziehung in Österreich begangen.

7.2 Hinterziehung durch einen Ausländer mit Nebenwohnsitz im Inland

B mit Hauptwohnsitz in Deutschland und Nebenwohnsitz in Österreich (Wochenendhaus) schenkt seinem Kind in Deutschland einen Geldbetrag. Die Schenkung wird weder in Deutschland, noch in Österreich angezeigt; eine Schenkungssteuervorschreibung unterbleibt demnach.

Aufgrund des österreichischen Wohnsitzes unterliegt die Schenkung auch in Österreich der Schenkungssteuer. Österreich und Deutschland haben für Schenkungssteuerzwecke kein Doppelbesteuerungsabkommen abgeschlossen.

Lösung:

B hat sich nicht nur in Deutschland einer deutschen Abgabenhinterziehung schuldig gemacht, sondern auch in Österreich einer österreichischen Abgabenhinterziehung, weil er verpflichtet gewesen wäre, im Inland seiner inländischen Offenlegungspflicht nachzukommen (Schenkungssteuererklärung). Zur möglichen Verletzung des Doppelbestrafungsverbotes vgl B.II.9.

7.3 Auslieferung aus und nach Österreich wegen Abgabenhinterziehung

7.3.1 Auslieferung nach Österreich (Ausländer)

Der ausschließlich in Deutschland ansässige B hat seine beschränkte Steuerpflicht in Österreich verletzt. B wird nunmehr in Österreich verfolgt. Es wird ein Auslieferungsersuchen beim zuständigen deutschen Gericht gestellt.

Lösung:

Deutschland liefert inzwischen auch eigene Staatsangehörige bei entsprechender vertraglicher Verpflichtung (Auslieferungsübereinkommen) aus. Dies ist gegenüber EU-Mitgliedsstaaten jedenfalls gegeben. Österreich verlangt jedoch im umgekehrten Fall das Vorliegen der beiderseitigen gerichtlichen Strafbarkeit.

7.3.2 Auslieferung von Österreich (Inländer)

Der in Österreich ansässige und über die österreichische Staatsbürgerschaft verfügende A hat in Deutschland seine beschränkte Steuerpflicht verletzt und dadurch eine deutsche Abgabenhinterziehung begangen. Das deutsche Gericht begehrt nunmehr beim österreichischen Rechtshilfegericht eine Auslieferung.

Lösung:

Derzeit (bis 1. Jänner 2009) liefert Österreich österreichische Staatsangehörige wegen Straftaten nicht aus.

Ab 1. Jänner 2009 wird Österreich bei Finanzvergehen auch österreichische Staatsbürger ausliefern, sofern beiderseitige gerichtliche Strafbarkeit vorliegt.

7.3.3 Auslieferung von Österreich (Ausländer)

Der in Österreich ansässige A der über eine amerikanische Staatsbürgerschaft verfügt, hat in Deutschland seine deutsche beschränkte Steuerpflicht verletzt und dadurch eine deutsche Abgabenhinterziehung begangen. Deutschland begehrt beim österreichischen Amtshilfegericht eine Auslieferung.

Lösung:

Österreich gewährt diese Auslieferung bei Vorliegen der entsprechenden Voraussetzungen (insbesondere beiderseitige gerichtliche Strafbarkeit).

8 Abgabenhinterziehung – zeitlicher Geltungsbereich

8.1 Rückwirkungsverbot für Strafgesetze

Der Geschäftsführer GF der X GmbH veranlasst im November 2005 eine Körperschaftsteuerhinterziehung für die von ihm geleitete Kapitalgesellschaft für das Jahr 2004 durch Abgabe einer unvollständigen KSt-Erklärung.

Seit 1. Jänner 2006 können auch Kapitalgesellschaften im Rahmen der Verbandsverantwortlichkeit im FinStrG finanzstrafrechtlich verfolgt werden.

Die Tat wird Mitte 2006 entdeckt und verfolgt.

Lösung:

Strafrechtliche Tatbestände gelten immer nur ab Inkrafttreten für künftiges Verhalten (Rückwirkungsverbot). Für vor 1. Jänner 2006 verwirklichte KSt-Hinterziehungen können daher nur natürliche Personen (GF) als Täter verantwortlich gemacht werden und nicht auch die juristische Person (X GmbH), da dieses Verhalten vor Geltungsbeginn des Verbandsverantwortlichkeitsgesetzes (VbVG) bzw der finanzstrafrechtlichen Umsetzungsbestimmungen gesetzt wurde.

8.2 Günstigkeitsvergleich für Strafgesetze

A hat im Jahr 2003 Scheinrechnungen ausgestellt, um dem Unternehmer U einen Vorsteuerschwindel (Umsatzsteuerhinterziehung) zu ermöglichen.

Die Delikte beider Täter werden 2005 entdeckt und geahndet.

Lösung:

A hat sich an der Abgabenhinterziehung des U beteiligt und kann dafür bestraft werden.

Nach der Rechtslage im Jahr 2003 hätte A gesondert auch für die begangene Urkundenfälschung nach dem Strafgesetzbuch zur Verantwortung gezogen werden können.

Aufgrund einer Sonderregelung, die der Gesetzgeber mit Wirksamkeit ab 5. Juni 2004 eingeführt hat, ist aber bei einem derartigen Urkundendelikt, das in Zusammenhang mit einem Finanzvergehen begangen wurde, das Urkundendelikt nicht gesondert zu verfolgen, sondern ausschließlich das Finanzvergehen zu ahnden. Aufgrund des für Strafgesetze anzuwendenden Günstigkeitsvergleiches gilt die Rechtslage im Zeitpunkt der Verurteilung I. Instanz („neue" Rechtslage) dann für den Täter, wenn diese Rechtslage günstiger ist, als die Rechtslage im Zeitpunkt der Begehung der Tat.

8.3 Kein Günstigkeitsvergleich für außerstrafrechtliche Ausfüllungsnormen (Steuergesetze)

Der Unternehmer U gibt für 2005 keine USt-Jahreserklärung ab, obwohl er die Kleinunternehmergrenze von EUR 22.000,00 jährlich überschritten hat. Die Tat wird 2007 entdeckt und verfolgt. Zu diesem Zeitpunkt beträgt die Kleinunternehmergrenze EUR 30.000,00. Die von ihm erzielten steuerpflichtigen Nettoumsätze betrugen EUR 28.000,00.

Lösung:

U ist für sein Umsatzsteuerjahresdelikt zu verurteilen; der Günstigkeitsvorrang des neuen günstigen Rechts gilt nur für das Strafrecht, nicht aber für außerstrafrechtliche Normen (Steuerrecht), an denen das Strafrecht anknüpft.

9 Abgabenverkürzung – Vorsatz

9.1 Vorsätzliche Verkürzung

A betreibt einen Gewerbetrieb und gibt für 2004 keine Einkommensteuererklärung ab. Daraufhin fordert ihn das Finanzamt ausdrücklich zur Abgabe der Erklärung auf. A weiß damit, dass er verpflichtet wäre, die Einkommensteuererklärung abzugeben, meint aber, ohnehin einen Verlust erlitten zu haben, sodass sich keine steuerpflichtige Bemessungsgrundlage ergebe. Tatsächlich hat A aber sehr wohl steuerpflichtige Einkünfte erzielt.

Lösung:

A hat vorsätzlich eine abgabenrechtliche Offenlegungspflicht verletzt. Das genügt allerdings nicht, um eine strafbare Abgabenhinterziehung zu verwirklichen; erforderlich ist auch die Verkürzung von Abgaben und ein darauf gerichteter Vorsatz. In diesem Fall irrt der Steuerpflichtige A über das Tatbestandsmerkmal der Verkürzung, sodass Abgabenhinterziehung ausscheidet. UU kommt bei vorwerfbarem Irrtum strafbare fahrlässige Abgabenverkürzung in Betracht.

Zu den Rechtsfolgen des Irrtums vgl B.I.12.1.

9.2 Vorsätzliche Verletzung einer Offenlegungspflicht

Der in steuerlichen Belangen ahnungslose Student A hat im Jahr 2004 begonnen, umsatzsteuerpflichtige Einkünfte zu erzielen. A ist lediglich bekannt, dass er jeweils am 15. des zweitfolgenden Monats die Umsatzsteuerzahllast entrichten müsse, die monatliche Umsatzsteuererklärungspflicht ist ihm aber unbekannt geblieben. Er zahlt vorsätzlich die monatlichen USt-VZ Beträge nicht ein.

Lösung:

Eine Abgabenhinterziehung kann nur vorliegen, wenn beide Tatbestandsmerkmale, nämlich die Verletzung einer abgabenrechtlichen Offenlegungspflicht und die Verkürzung von Abgaben vorsätzlich herbeigeführt wurden. Da A die Erklärungspflicht im Vorauszahlungsstadium nicht bekannt war, er daher diesbezüglich ohne Wissen (Wissenskomponente des Vorsatzes) gehandelt hat, kommt Abgabenhinterziehung nicht in Betracht.

Zu den Besonderheiten der USt-VZ-Hinterziehung siehe B.III.1 (im vorliegenden Fall allerdings strafbare Finanzordnungswidrigkeit mit erheblicher Geldstrafdrohung; diese Finanzordnungswidrigkeit erfordert eine vorsätzliche USt-VZ-Verkürzung; eine Verletzung einer Offenlegungspflicht ist ausnahmsweise nicht erforderlich).

9.3 Zeitpunkt des Vorsatzes

Die Bauunternehmerin U hat von ihrem Polier eine Liste der halbfertigen Baustellen zum 31. 12. 2004 erhalten. Sie übernimmt diese Liste ungeprüft in den Jahresabschluss ihres Unternehmens. In dieser Liste waren irrtümlich fertige Bauvorhaben als unfertig ausgewiesen und demnach eine Gewinnrealisierung noch nicht angenommen. Auf Basis dieser unrichtigen Bilanz werden die Steuererklärungen 2004 abgegeben und die Abgaben erklärungsgemäß veranlagt.

Anlässlich einer Besprechung mit ihrem Steuerberater bei Erstellung des nächstjährigen Jahresabschlusses erkennt B, dass die Bilanz und demnach die Steuererklärung 2004 einen zu niedrigen steuerpflichtigen Gewinn ausgewiesen hat.

Lösung:

Eine strafbare Hinterziehung liegt nur vor, wenn der Vorsatz im Hinblick auf beide Tatbestandsmerkmale (Verkürzung und Verletzung einer Offenlegungspflicht) im Zeitpunkt der Tat, somit bis zur Vollendung der Tat, vorliegt. Die Vollendung der Tat tritt im gegenständlichen Fall durch Ergehen des Steuerbescheides 2004 ein. Eine strafbare Abgabenhinterziehung kommt nicht in Betracht, weil dass Wissen um die Verkürzung erst nachträglich, nach Vollendung der Tat, gegeben war. In Frage kommt fahrlässige Abgabenverkürzung; die Fahrlässigkeit – die Verletzung der gebotenen Sorgfalt (Verletzung der Überwachungspflicht) – war in diesem Fall im Zeitpunkt der Tat wohl gegeben.

Zu den Rechtsfolgen der Unterlassung der Berichtigungsanzeige vgl B.I.2.3.

9.4 Vorsatz und Höhe der Verkürzung

Der Abgabepflichtige A gibt für das Jahr 2004 vorsätzlich eine unvollständige Steuererklärung ab, indem er die Einkünfte aus Vermietung aus einem Objekt nicht aufgenommen hat. Weiters hat A irrtümlich die Bemessungsgrundlage für die Einkünfte aus seinem Gewerbebetrieb zu niedrig ermittelt und in der Folge zu niedrig in die Steuererklärung aufgenommen.

Lösung:

Die Rechtsprechung geht in diesem Fall davon aus, dass sämtliche zu Unrecht nicht festgesetzten Abgaben hinterzogen wurden, da sich der Vorsatz der Tat – Abgabe der Steuererklärung – auf die Höhe der Hinterziehung nicht erstrecken müsse, sondern nur dem Grunde nach, wenn auch nur für eine Komponente, vorhanden sein müsse. Demnach ermittelt sich der Strafrahmen nach dem vollen Verkürzungsbetrag (unter Einschluss der Komponenten, die bloß fahrlässig oder auch unverschuldet verkürzt wurden). Demgegenüber geht die Praxis (mit überwiegender Unterstützung der Lehre) davon aus, dass nur jene Komponenten hinterzogen sind, für die auch im Einzelnen Hinterziehungsvorsatz nachgewiesen werden kann; demnach wird in der Praxis der Steuerverkürzungsbetrag, und davon abgeleitet der Strafrahmen, reduziert ermittelt.

9.5 Vorsatz – Abgrenzung zur Fahrlässigkeit

Der Abgabepflichtige A beantragt in seiner Arbeitnehmerveranlagung für seine nicht selbständigen Einkünfte den Abzug von Werbungskosten für ein Arbeitszimmer. Im Zuge der Ermittlung der Werbungskosten kommen ihm Zweifel, ob diese Aufwendungen für sein berufliches Arbeitszimmer abzugsfähig sind; ohne nähere Prüfung kommt A dann aber zum Ergebnis, dass das schon stimmen müsste und hofft – trotz verbleibender Zweifel – dass seine Werbungskostenermittlung zutreffend ist. Bei richtiger rechtlicher Beurteilung handelt es sich aber um nicht abzugsfähige Kosten der Lebensführung.

Lösung:

A handelt nicht vorsätzlich, weil er nicht mit Wissen und Wollen die Verkürzung herbeigeführt hat. Das Mindestmaß des Vorsatzes ist ernstlich für möglich zu halten (Wissenskomponente) und billigend in Kauf zu nehmen (Wollenskomponente). In diesem Fall ist die Wollenskomponente in der erforderlichen Mindestausprägung nicht gegeben. A hat darauf gehofft, eben keine Verkürzung herbeizuführen.

Die Abgrenzung zwischen bedingtem Vorsatz und bewusster Fahrlässigkeit ist vielfach nur willkürlich zu treffen und führt gerade im Finanzstrafrecht – in dem vielfach pauschal unterstellt wird, dass jeder gerne weniger Steuern zahlen würde – zu willkürlichen Ergebnissen.

10 Vorbereitung/Versuch/Vollendung der Abgabenhinterziehung

10.1 Unvollständiges Führen der Bücher und Aufzeichnungen

Der Gastwirt A erfasst im Laufe des Geschäftsjahres diverse Geschäftsfälle nicht in seinem Rechenwerk. Auf Basis der fehlerhaften Buchhaltung erstellt A eine unrichtige Bilanz. Die unrichtigen Zahlen der Bilanz werden auch der Steuererklärung zu Grunde gelegt, weshalb die Einkünfte insgesamt zu niedrig erklärt werden. Die Steuererklärung wurde für dieses Jahr noch nicht abgegeben, sondern wird von A erst später – im Rahmen der Quotenregelung seines Steuerberaters – eingereicht.

Lösung:

Das bloße unrichtige Führen von Büchern ist noch nicht als Versuch der Abgabenhinterziehung zu beurteilen. Es handelt sich dabei um eine straflose Vorbereitung. Im Bereich der Umsatzsteuer münden diese Vorbereitungshandlungen allerdings regelmäßig sehr rasch aufgrund der monatlichen bzw vierteljährlichen USt-VZ-Pflicht in eine versuchte bzw vollendete Abgabenhinterziehung. Zur USt-VZ-Hinterziehung siehe B.III.1.

Auch bei der unrichtigen Bilanzerstellung handelt es sich noch um eine straflose Vorbereitungshandlung. Selbst die unrichtige Erstellung der Steuererklärungen ist noch nicht strafbar, da der strafbare Versuch erst mit der Einreichung der unrichtigen oder unvollständigen Erklärung beginnt.

A hat daher noch keine Abgabenhinterziehung versucht.

10.2 Versuchte Abgabenhinterziehung

Der Abgabepflichtige A sucht seinen Steuerberater auf, um dort die Einkommensteuererklärung 2004 zu unterfertigen, die dann unverzüglich beim Finanzamt eingereicht werden soll. Bei Unterfertigung der Steuererklärung ist A bewusst, dass Einkünfte aus seinem ausländischen Depot zu Unrecht nicht aufgenommen wurden.

Lösung:

A geht in diesem Fall davon aus, dass seine Handlung – Unterfertigung der Steuererklärung mit Auftrag der unverzüglichen Übermittlung – unmittelbar in die Deliktsverwirklichung, nämlich dem Ergehen eines erklärungskonformen Bescheides einmünden wird.

Diese Handlung hat damit bereits Ausführungsnähe und stellt bereits einen strafbaren Versuch dar. Im Übrigen wird regelmäßig erst durch die Übermittlung einer unrichtigen Steuererklärung (Einreichung via Finanz-Online bzw Postaufgabe) eine versuchte Abgabenhinterziehung vorliegen.

10.3 Vorsätzliche Unterlassung der Betriebseröffnungsanzeige

Vgl B.I.2.1.2.

10.4 Vollendung der Abgabenhinterziehung

a) Der Abgabenpflichtige A gibt für das Jahr 2005 im Juni 2006 eine Steuererklärung ab, in der er seine ausländischen Einkünfte aus Kapitalvermögen nicht aufnimmt. Im September 2006 ergeht der (unvollständige) Steuerbescheid.

b) Der Steuerpflichtige A gibt, obwohl er im Jahr 2005 steuerpflichtige Einkünfte bezogen hat, keinerlei ESt-Erklärung für das Jahr 2005 ab.

c) Der Steuerpflichtige A gibt für den Voranmeldungszeitraum Juni 2006, in dem er steuerpflichtige Umsätze erzielt hat, bis 15. August

2006 keine USt-VA ab und zahlt auch die Umsatzsteuer-Vorauszahlung nicht ein.

Lösung:

a) Im ersten Fall ist die Vollendung der Steuerhinterziehung durch Ergehen des (unvollständigen) Steuerbescheides vollendet. Mit diesem Zeitpunkt beginnt die Verjährungsfrist zu laufen (dh ab September 2006).
b) Im zweiten Fall ist das Delikt grundsätzlich mit Ende der gesetzlichen Erklärungsfrist somit mit 30. Juni 2006 vollendet.
c) Im dritten Fall ist das Delikt mit Nichtentrichtung der Vorauszahlung und Nichtanmeldung bis zum 15. des zweitfolgenden Monats beendet.

11 Beteiligung an Abgabenhinterziehung

11.1 Vorsätzliche Beteiligung an vorsätzlicher Tat/ Beitragstäter

Der Geschäftsführer GF gibt seiner Leiterin des Rechnungswesens R den Auftrag, die Inventurzusammenfassung der Gesellschaft zu verfälschen, indem bestimmte am Stichtag vorhandene Waren nicht mehr aufgenommen werden, um die Steuerbemessungsgrundlage zu mindern.

Widerwillig kommt R diesem Auftrag nach. Eine dementsprechend unzutreffende Körperschaftssteuererklärung wird in der Folge eingereicht.

Lösung:

Jeder, der den unmittelbaren Täter mit Wissen und Wollen zum Gelingen der strafbaren Handlung unterstützt, ist Beitragstäter und verwirklicht damit dieselbe strafbare Handlung wie der unmittelbare Täter, den die Offenlegungspflicht selbst trifft. R hat sich damit – sowie auch GF – einer Abgabenhinterziehung schuldig gemacht. Zur Frage des Vorliegens eines entschuldigenden Notstandes vgl B.I.13.

11.2 Vorsätzliche Beteiligung an vorsätzlicher Tat/ Bestimmungstäter

Der liechtensteinische Treuhänder T empfiehlt dem österreichischen Unternehmer U eine liechtensteinische Briefkastengesellschaft zur Minderung der Abgabenlast einzurichten, die in der Folge durch Verrechnung von Scheinleistungen die Bemessungsgrundlage der österreichischen Gesellschaft aushöhlen soll. U kommt diesem Rat nach und gibt dementsprechend unrichtige Körperschaftssteuererklärungen seiner Gesellschaft ab.

Lösung:

U ist unmittelbarer Täter der Körperschaftssteuerhinterziehung. T hat den Anstoß dazu gegeben, hat somit U dazu bestimmt und ist folglich Bestimmungstäter. T hat wie U eine Abgabenhinterziehung verwirklicht. Für T gilt der gleiche Strafrahmen wie für U (zur Strafrahmenbildung siehe B.I.19).

11.3 Fahrlässige Beteiligung an vorsätzlicher Tat

Die Leiterin des Rechnungswesens R der X GmbH hat in der Aufstellung über das Vorratsvermögen irrtümlich eine zu niedrige Summe ermittelt. Ihr Vorgesetzter, der Geschäftsführer GF kontrolliert diese Aufstellung, erkennt diesen Fehler, korrigiert ihn aber im Hinblick darauf nicht, dass sich dadurch eine durchaus erwünschte Reduktion der Körperschaftssteuerbemessungsgrundlage ergibt. Auf dieser Basis werden die Steuererklärungen eingereicht.

Lösung:

GF verantwortet eine Abgabenhinterziehung. R käme als fahrlässige Beitragstäterin in Betracht. Im gegebenen Fall scheidet allerdings – nach zutreffender Auffassung – fahrlässige Beteiligung aus, weil eine Abgabenverkürzung die Verletzung einer persönlichen Sorgfaltspflicht voraussetzt. Da R keine sie selbst treffende Sorgfaltspflicht verletzt, ist eine fahrlässige Beteiligung am Delikt des GF nicht möglich (strittig).

11.4 Beteiligung nur bis zur Vollendung der Tat/ Abgrenzung zur Begünstigung

Der Abgabepflichtige A hat jahrelang wesentliche Abgabenhinterziehungen begangen. Nunmehr findet eine Außenprüfung statt; im Zuge der Außenprüfung ergeben sich einschlägige Verdachtsmomente und der Prüfer stellt nunmehr gezielte Fragen, um diesen Verdacht zu erhärten.

A sucht seinen Berater auf, schildert ihm sein Problem und erhofft sich von seinem Berater kreative Vorschläge, um den Verdacht des Außenprüfers zu zerstreuen.

Der Berater steuert einschlägige der Wahrheit widersprechende Vorschläge bei.

Lösung:

Die Abgabenhinterziehungen des A sind längst vollendet (Ergehen der Steuerbescheide). Der Berater kann sich damit an diesen Delikten nachträglich nicht mehr beteiligen.

Entsprechenden Vorsatz vorausgesetzt (Absichtlichkeit) kommt strafbare Begünstigung in Frage. Diese begeht, wer den Täter absichtlich seiner Strafe entzieht; derartige absichtliche Verschleierungshandlungen könnten tatbildlich sein.

11.5 Psychische Beteiligung

Der Unternehmer U zahlt dem Vermittler V Provisionen für die Vermittlung von Aufträgen. V erklärt U, dass er nicht daran denke, diese Einkünfte steuerlich zu deklarieren und veranlasst U zu der Zusage, dass U auch über Anfrage der Finanzbehörde V als Empfänger nicht namhaft machen werde.

Lösung:

Durch die Zusage V keinesfalls als Empfänger namhaft zu machen, hat U den Tatentschluss des V gestärkt und damit zur Abgabenhinterziehung des V beigetragen.

U ist damit für die Abgabenhinterziehung des V als Beitragstäter strafbar. Erfolgt diese Zusage erst nach Vollendung der Tat – nach Ergehen des Steuerbescheides – kommt strafbare Beteiligung des U an der Tat des V nicht mehr in Betracht.

11.6 Beteiligung durch Gefälligkeiten

GF ist Gesellschafter-Geschäftsführer der X GmbH. GF hat kürzlich in seinem privaten Haus erhebliche Investitionen getätigt und veranlasst den Unternehmer U die Rechnung über diese privaten Investitionen an die X GmbH (mit unzutreffender Leistungsbeschreibung) zu richten. U nimmt diese Umschreibung der Rechnungen vor und verhilft damit GF zu ungerechtfertigten Vorsteuerabzügen und Betriebsausgabenabzügen im Rahmen der X GmbH.

Lösung:

U hat sich durch Umschreibung der Rechnungen in Kenntnis der dadurch ermöglichten Verkürzungen an der Abgabenhinterziehung des GF beteiligt. Die Strafbarkeit des U tritt ab Setzen einer strafbaren Ausführungshandlung bzw Versuchshandlung durch den Abgabepflichtigen (regelmäßig Einreichung der Steuererklärung) ein.

11.7 Aufforderung zu einer Leistung ohne Rechnung („Pfuschabrede")

Der Installateur U installiert im Haus des A ein Badezimmer. A fordert nunmehr U auf, über diese Leistung keine Rechnung zu legen, um sich dadurch die USt auf diese Leistungen (20%) zu ersparen.

Dementsprechend nimmt U die Leistungen nicht in die Rechnung auf und gibt unvollständige Steuererklärungen (USt, ESt) ab.

Lösung:

A hat damit Anstoß gegeben, dass U eine USt- und ESt-Hinterziehung vornimmt; er ist somit Bestimmungstäter (Beteiligter an der Abgabenhinterziehung des U). Ausnahmsweise ist dieser Bestimmungsversuch sofort strafbar und nicht erst, wie ein Tatbeitrag, wenn der unmittelbare Täter seinerseits eine Ausführungshandlung bzw Versuchshandlung gesetzt hat.

12 Irrtum und Abgabenverkürzung

12.1 Verschuldeter/unverschuldeter Irrtum

Der österreichische Staatsbürger A ist erfolgreicher Tennisprofi und hat seinen Hauptwohnsitz in Monaco bezogen; A hat nach wie vor einen Nebenwohnsitz in Österreich. Aufgrund seines Nebenwohnsitzes in Österreich, welcher zur unbeschränkten ESt-Pflicht in Österreich führt und aufgrund der Tatsache, dass Monaco mit Österreich kein Doppelbesteuerungsabkommen abgeschlossen hat, wäre A verpflichtet sein gesamtes Einkommen in Österreich zu versteuern. A unterlässt die Versteuerung seines Welteinkommens, weil er meint, dass als steuerlicher Wohnsitz nur der Mittelpunkt der Lebensinteressen (Hauptwohnsitz) von Belang sei.

Lösung:

A irrt über die rechtliche Qualifikation des Wohnsitzbegriffes.

Ein derartiger Irrtum, gleichgültig ob er Tatsächliches betrifft oder die rechtliche Qualifikation, führt im Finanzstrafrecht dazu, dass Vorsatz nicht zugerechnet wird. Eine Abgabenhinterziehung kommt damit nicht in Betracht. Beruht der Irrtum auf Fahrlässigkeit und zwar insbesondere darauf, dass sich A trotz Erkennen des Problems nicht an geeigneter Stelle erkundigt hat, so kommt eine fahrlässige Abgabenverkürzung in Betracht.

12.2 Glaubwürdigkeit des Irrtums/Schutzbehauptung

A ist neben seiner Tätigkeit als Angestellter auch gewerblich als Rhetoriktrainer tätig. A hat diese Einkünfte, obwohl sie bei weitem die Veranlagungsfreigrenzen überschritten haben, niemals erklärt, weshalb laufend Einkommensteuer verkürzt wurde. Nach Entdeckung der Tat rechtfertigt er sich damit, dass er doch davon ausgegangen ist, dass einkommensteuerlich sowie umsatzsteuerlich eine „Kleinunternehmerregelung" existiere und somit eine Steuerpflicht erst bei Überschreitung der Umsätze von EUR 22.000,00 im Jahr entstehe.

Diese Grenze wurde jährlich nicht überschritten.

Lösung:

Die Finanzstrafbehörde wird in freier Beweiswürdigung die Frage zu klären haben, ob dieser Irrtum glaubwürdig ist oder als bloße Schutzbehauptung zurückzuweisen ist. Ist die Behauptung nicht glaubwürdig, können die Rechtsfolgen des Irrtums nicht eintreten und A hat sich einer Abgabenhinterziehung schuldig gemacht. Diese Frage der Beweiswürdigung kann nur im Einzelfall getroffen werden.

13 Entschuldigender Notstand

Der Geschäftsführer GF der X GmbH erteilt der Leiterin des Rechnungswesens R die Weisung, bestimmte Geschäftsfälle nicht zu verbuchen und dadurch USt und KSt der X GmbH zu verkürzen. R widersetzt sich der Weisung. Daraufhin droht ihr GF mit Kündigung. Widerwillig beugt sich R der Weisung und nimmt die entsprechenden Manipulationen vor.

Lösung:

Würde man die psychische Zwangssituation, in der sich R befindet als dermaßen gravierend ansehen, dass R ein rechtskonformes Verhalten nicht mehr zugemutet werden kann, so läge entschuldigender Notstand vor, der das Verschulden und damit die Strafbarkeit ausschließt. Die Rechtsprechung nimmt in derartigen Situationen keine derart gravierenden Zwangssituationen an, sodass eine strafbare Beteiligung der R anzunehmen ist. Die Drucksituation wird allerdings bei der Strafbemessung als Milderungsgrund zu berücksichtigen sein.

Zur Strafbemessung vgl B.I.19.

14 Strafunwürdigkeit von Bagatellverkürzungen (mangelnde Strafwürdigkeit der Tat)

14.1 Niedrige Höhe als Bagatelle

Der Abgabepflichtige A unterlässt es, einen Privatanteil für sein betrieblich genutztes Kfz auszuscheiden, da A ohnehin davon ausgeht, dass er das Fahrzeug zumindest 80% betrieblich nutzt. Der jährliche Privatanteil würde lediglich EUR 1.000,00 betragen (Einkommensteuerprogression 50%).

Lösung:

Die Rechtsprechung nimmt Strafunwürdigkeit in Folge von Geringfügigkeit der Verkürzung nur bei sehr niedrigen Beträgen, jedenfalls weniger EUR 100,00 an. Weiters sind nicht nur geringfügige Folgen (Höhe der Verkürzung) sondern auch geringfügiges Verschulden erforderlich. Verkürzungsvorsatz wird daher die Anwendung der Bagatellregelung in der Regel verhindern.

14.2 Strafunwürdigkeit wegen bloßer Verzögerung der Abgabenentrichtung

Anlässlich der Erstellung der USt-Jahreserklärung für 2004 erkennt der Unternehmer U, dass bestimmte Vorsteuerbeträge nicht schon 2004 abgezogen werden dürfen, sondern erst im Jänner 2005. Der Einfachheit halber belässt U es beim Vorsteuerabzug 2004.

Lösung:

Im Hinblick auf die unbedeutenden Folgen und auch darauf, dass sich der Vorsatz eben nur auf diese unbedeutenden Folgen bezieht, könnte hier wohl von mangelnder Strafwürdigkeit ausgegangen werden. Die Praxis wird dies vielfach in diesem Sinne lösen. Dazu liegt bislang keine Rechtsprechung vor. Mangelnde Strafwürdigkeit würde jedenfalls anzunehmen sein, wenn der zustehende Vorsteuerabzug zB aus Praktikabilitätsüberlegungen zu spät erfolgt.

14.3 Bloße Ordnungsverstöße als Bagatelle

Der umsatzsteuerpflichtige Unternehmer U wäre verpflichtet, die USt-Vorauszahlung am 15. des zweitfolgenden Monats nicht nur zu entrichten, sondern auch eine USt-Voranmeldung abzugeben. Der Einfachheit halber unterlässt U dies nachhaltig und leistet allerdings rechtzeitig und in zutreffender Höhe die Vorauszahlung.

Lösung:

Eine Abgabenhinterziehung kommt nicht in Frage, weil Abgaben nicht verkürzt wurden. Die bloße Verletzung der Offenlegungspflicht führt zu keiner Verkürzung, könnte aber – insbesondere bei nachhaltiger Weigerung – als strafwürdig anzusehen sein. In Frage kommt die Verhängung einer Geldstrafe wegen einer Finanzordnungswidrigkeit (maximal EUR 3.625,00).

15 Strafaufhebung durch Selbstanzeige

15.1 Selbstanzeige durch berichtigte Steuererklärung

Der Abgabepflichtige A hat seit langem alljährlich in seiner ESt-Erklärung seine Vermietungseinkünfte aus einer Liegenschaft verschwiegen.

Aus Sorge vor Tatentdeckung berichtigt A nunmehr alle zurückliegenden Steuererklärungen durch Nacherklärung dieser Vermietungseinkünfte und reicht diese kommentarlos beim Finanzamt ein.

Lösung:

Die Erstattung einer Selbstanzeige durch eine berichtigte Steuererklärung ist üblich und zulässig. Einer Bezeichnung als Selbstanzeige bedarf es nicht. Eine Bezugnahme auf die subjektive Tatseite (Vorsatz Fahrlässigkeit) ist nicht erforderlich. Weiters ist auch kein reumütiges Geständnis (Eingestehen des Verschuldens) erforderlich. Sind die übrigen Voraussetzungen erfüllt (insbesondere Entrichtung entsprechend den Abgabenvorschriften vgl B.I.15.4) ist Strafaufhebung gewährleistet.

Eines Hinweises für wen die Selbstanzeige erstattet wird, bedarf es hier ausnahmsweise nicht, da A die berichtigten Erklärungen selbst und für sich einreicht.

15.2 Strafaufhebung nur für diejenigen, für die sie erstattet wurde

Analog zu B.I.15.2 allerdings ist GF Geschäftsführer der X GmbH und hat in dieser Funktion unvollständige KSt-Erklärungen für die X GmbH abgegeben.

Lösung:

Die bloße Abgabe von berichtigten Steuererklärungen führt nicht zur Strafaufhebung. Es bedürfte der Bezeichnung der Personen für die sie erstattet wird; soll die Selbstanzeige auch für die X GmbH wirken, muss sie auch für die X GmbH erstattet werden; zur Verbandsverantwortlichkeit vgl B.I.20.

15.3 Teilwirkung

Ergänzung zu Fall I.15.1: A hat nicht alle Hinterziehungen einbekannt; die Vermietungseinkünfte aus einer weiteren Liegenschaft werden in den berichtigten Steuererklärungen nicht einbekannt.

Lösung:

Die Selbstanzeige wirkt nur insoweit als eine Nacherklärung erfolgt ist (Teilwirkung der Selbstanzeige).

15.4 Entrichtung entsprechend den Abgabenvorschriften

Ergänzung zu Fall I.15.1: Nach Abgabe der berichtigen ESt-Erklärungen entrichtet A vorerst die nachzuzahlenden Abgaben nicht, sondern wartet die Bescheiderlassung ab und entrichtet die bescheidmäßig vorgeschriebene Nachzahlung binnen Monatsfrist.

Lösung:

Eine Selbstanzeige entfaltet strafaufhebende Wirkung nur, wenn die Abgabenentrichtung entsprechend den Abgabenvorschriften erfolgt. Sehen die Abgabenvorschriften eine bescheidmäßige Festsetzung in Folge einer Berichtigung vor – wie dies bei der ESt zutrifft – genügt eine Entrichtung binnen Monatsfrist nach Ergehen des Steuerbescheides.

Die Selbstanzeige entfaltet damit strafaufhebende Wirkung.

15.5 Selbstanzeige und Zahlungserleichterungen, Teilwirkung

Ergänzung zu Fall I.15.2: Der Abgabepflichtige A hat die berichtigten Steuererklärungen abgegeben und erwartet die erklärungskonforme Veranlagung. Nach Ergehen der Bescheide sieht er sich außer Stande die Nachzahlung umgehend zu entrichten und begehrt eine Stundung; er beantragt eine Abgabenentrichtung in 30 Monatsraten.

Diese Zahlungserleichterung wird gewährt und von A pünktlich eingehalten.

Lösung:

Die Gewährung von Zahlungserleichterungen ist für Zwecke der Selbstanzeige zwar zulässig, doch darf der Zahlungsaufschub zwei Jahre nicht überschreiten. Folglich wirkt die Strafaufhebung nur teilweise, nämlich für 24 Monatsraten.

15.6 Selbstanzeige an die richtige Behörde

Der Abgabepflichtige A hat im Jahr 2004 ein Grundstück erworben und im darauf folgenden Jahr gewinnbringend weiterveräußert.

Um den steuerpflichtigen Spekulationsgewinn niedrig erscheinen zu lassen, wird im Grundstückskaufvertrag anstatt des wahren Grundstückspreises ein stark reduzierter Preis aufgenommen, sodass sich danach kein steuerpflichtiger Spekulationsgewinn ergibt.

Nachdem eine Anzeige droht, erstattet A bei seinem Einkommensteuerfinanzamt Selbstanzeige und zwar sowohl mit berichtigter ESt-Erklärung für 2005, in dem er den Spekulationsgewinn aufnimmt als auch durch Grunderwerbsteueranzeige mit dem erhöhten Verkaufspreis.

Lösung:

Eine Selbstanzeige muss gegenüber der zuständigen Abgabenbehörde oder einer sachlich zuständigen Finanzstrafbehörde erfolgen. Das Einkommensteuerfinanzamt des A kann daher strafaufhebend die berichtigte ESt-Erklärung entgegen nehmen; dieses Finanzamt ist aber weder zuständig für die Grunderwerbsteuerbemessung, noch ist es sachlich zuständige Finanzstrafbehörde für Grunderwerbsteuerverkürzungen. Zuständig dafür wäre das örtlich zuständige Finanzamt für Gebühren und Verkehrssteuern. An dieses hätte gleichzeitig mit der Einkommensteuer Selbstanzeige erstattet werden müssen.

Demnach wird für die Grunderwerbsteuerhinterziehung keine Strafaufhebung erwirkt.

15.7 Rechtzeitigkeit der Selbstanzeige/ Verfolgungshandlungen

Der Abgabepflichtige A hat für 2004 seine ESt-Erklärung abgegeben. Er hat vorsätzlich Einkünfte aus einem Wertpapierdepot nicht erklärt. Da in den vergangenen Veranlagungsperioden Einkünfte aus diesem Wertpapier erklärt worden sind, erkennt das Finanzamt diese Differenz und erlässt einen Bedenkenvorhalt, in dem A aufgefordert wird, zu dieser Differenz Stellung zu nehmen.

A erstattet nunmehr unverzüglich Selbstanzeige durch Abgabe einer berichtigten Steuererklärung.

Lösung:

Die Selbstanzeige erfolgt rechtzeitig. Es liegt eine Ermittlungshandlung der Abgabenbehörde vor, die keine Verfolgungshandlung darstellt. Eine Verfolgungshandlung müsste von der Abgabenbehörde in ihrer erkennbaren Funktion als Finanzstrafbehörde I. Instanz oder vom Gericht erfolgen.

Im gegenständlichen Fall ist wohl auch noch nicht von einer Tatentdeckung und einer Kenntnis des Täters davon auszugehen. Diesbezüglich siehe B.I.15.10.

15.8 Rechtzeitigkeit der Selbstanzeige/ Reichweite von Verfolgungshandlungen

GF ist Geschäftsführer der österreichischen X GmbH, die wiederum eine Tochtergesellschaft eines amerikanischen Konzerns ist. GF hat im Jahr 2004 neben seinen laufenden nicht selbständigen Einkünften wesentliche Einkünfte aus „stock options" bei der amerikanischen Muttergesellschaft bezogen. Diese Einkünfte hat GF in seine Steuererklärung nicht aufgenommen. Nunmehr wird GF zu einer Vernehmung als Verdächtiger von der Finanzstrafbehörde vorgeladen, unter Bezugnahme auf diese Einkünfte aus „stock options". Die Abgabenbehörde hat durch amerikanische Kontrollmitteilungen von diesen Einkünften Kenntnis erlangt.

Im Zuge der Verdächtigenvernehmung erstattet GF Selbstanzeige, in dem er eine berichtigte Einkommensteuererklärung vorlegt, in der nicht nur die Einkünfte aus „stock options" einbekannt werden, sondern auch bislang der Behörde nicht zur Kenntnis gelangte Einkünfte aus ausländischen Wertpapierdepots.

Lösung:

Eine Selbstanzeige im Hinblick auf die Einkünfte aus „stock options" ist ausgeschlossen, weil sich darauf die Verfolgungshandlung (Vernehmung als Verdächtiger) bezieht. Die berichtigte Steuererklärung kann daher nur mehr als strafmilderndes Geständnis aber nicht als strafaufhebende Selbstanzeige wirken. Im Hinblick auf die Einkünfte aus dem bislang verheimlichten Auslandsdepot ist Selbstanzeige noch möglich, weil sich darauf die Verfolgungshandlung nicht bezogen hat.

15.9 Rechtzeitigkeit der Selbstanzeige/ Verfolgungshandlung gegen Beteiligte

GF ist Geschäftsführer der X GmbH. GF hat viele Jahre hindurch erhebliche Abgaben durch Schwarzgeschäfte auf eigene Rechnung hinterzogen. Der Rechnungswesenleiter R der X GmbH hat GF bei den Schwarzgeschäften unterstützt. Aufgrund einer Anzeige erlangt die Abgabenbehörde Kenntnis von diesen Hinterziehungen, worauf die Finanzstrafbehörde bei Gericht einen Hausdurchsuchungsbefehl erwirkt. Im Hausdurchsuchungsbefehl wird der Verdacht konkretisiert und auf diese Schwarzgeschäfte Bezug genommen.

Nach Durchführung der Hausdurchsuchung im Privathaus des R erstattet nunmehr GF blitzartig Selbstanzeige.

Lösung:

Unmittelbarer Täter der Abgabenhinterziehung ist im gegenständlichen Fall GF. R hat sich an der Tat des GF beteiligt, indem er GF die Tatbegehung ermöglicht bzw erleichtert hat. Eine Verfolgungshandlung gegen einen an der Tat Beteiligten (Hausdurchsuchung im Privathaus des R) verhindert auch für alle anderen in Frage kommenden Täter des Finanzvergehens die Möglichkeit einer strafaufhebenden Selbstanzeige. Die Selbstanzeige des GF ist daher verspätet und wirkt nicht strafaufhebend.

15.10 Rechtzeitigkeit der Selbstanzeige/ Tatentdeckung und Medienberichte

GF hat als Gesellschafter-Geschäftsführer der X GmbH hohe Schmiergelder bezahlt, um bestimmte öffentliche Aufträge zu erlangen. Die Schmiergelder wurden steuerlich zum Abzug gebracht. Nunmehr wurden diese Praktiken detailliert einer Boulevard Zeitung mitgeteilt und diese druckt die Story detailliert in ihrer Montagausgabe ab. Nach Erscheinen des Artikels erstattet GF umgehend am Dienstag Selbstanzeige.

Lösung:

Bei Zutreffen der übrigen Voraussetzungen wirkt die Selbstanzeige strafaufhebend. Das Erscheinen der Details in der Presse bedeutet noch nicht, dass die Abgabenbehörde die Tat tatsächlich schon entdeckt hat. Weiters verhindert die Tatentdeckung durch die Behörde nur dann die strafaufhebende Wirkung der Selbstanzeige, wenn diese dem Täter auch zur Kenntnis gebracht wurde. Dafür trägt die Abgabenbehörde die Beweislast. Eine Berichterstattung durch die Medien vom Kenntniserlangungsprozess der Behörde vom jeweiligen Finanzvergehen ist aufgrund der Amtsverschwiegenheit und der abgabenrechtlichen Geheimhaltungspflicht kaum denkbar.

15.11 Rechtzeitigkeit der Selbstanzeige/ Tatentdeckung durch andere Behörden/ Gerichte

Im Zuge eines gerichtlichen Scheidungsverfahrens bringt die Ehegattin des Abgabepflichtigen A vor, dass ihr erheblich höhere Unterhaltsansprüche zustehen würden, weil ihr Ehegatte A in den vergangenen Jahren erhebliche Einkünfte erzielt habe, die A nicht deklariert habe. A gesteht dies ein und akzeptiert höhere Unterhaltszahlungen. Aus Sorge vor der Tatentdeckung erstattet A nunmehr unverzüglich Selbstanzeige durch Einreichung berichtigter Einkommensteuererklärungen für diese Jahre.

Lösung:

Eine Tat entdecken mit der Folge, dass bei entsprechender Kenntnis des Täters davon eine Selbstanzeige nicht mehr strafaufhebend erstattet werden kann, können nicht nur die Abgabenbehörden sondern auch alle Behörden und Gerichte, die zur Anzeige an die Abgabenbehörden verpflichtet sind. Dazu zählen auch Zivilgerichte. Aufgrund seiner Anwesenheit im Scheidungsverfahren hat A auch Kenntnis von der Tatentdeckung durch das Zivilgericht, sodass die Selbstanzeige verspätet ist.

15.12 Rechtzeitigkeit der Selbstanzeige/ Außenprüfung 1

Bei der X GmbH findet eine Außenprüfung betreffend die Jahre 2001 bis 2004 statt. USt und KSt werden geprüft. Aufgrund einer Frage des Außenprüfers entdeckt der Geschäftsführer GF, dass im Prüfungszeitraum irrtümlich Ausgaben zu Unrecht geltend gemacht wurden. Unverzüglich erstattet er mündlich Selbstanzeige an den Betriebsprüfer.

Lösung:

Auch während einer Außenprüfung kann strafaufhebend Selbstanzeige erstattet werden, sofern es sich um keine (vorsätzliche) Hinterziehung handelt. Im gegebenen Fall handelt es sich um fahrlässige Abgabenverkürzungen. Eine strafaufhebende Selbstanzeige während der Betriebsprüfung ist daher noch rechtzeitig. Die mündliche Erstattung einer Selbstanzeige ist zulässig. Die Selbstanzeige ist zu protokollieren.

15.13 Rechtzeitigkeit der Selbstanzeige/ Außenprüfung 2

Der Prüfungsauftrag umfasst USt und KSt. Im Zuge der Prüfung geht der Außenprüfer Reisekostenabrechnungen nach, weil er dort Unregelmäßigkeiten vermutet. Daraufhin erstattet der Geschäftsführer GF unverzüglich Selbstanzeige und legt dar, dass es sich dabei nicht um steuerfreie Reisekostenersätze handelt, sondern um Lohnbestandteile, für die Lohnsteuer zu entrichten gewesen wäre.

Lösung:

Der Prüfungsauftrag umfasst im vorliegenden Fall nur KSt und USt, sodass die Sperrwirkung der anhängigen Betriebsprüfung für Lohnsteuer nicht wirkt. Sofern die Tat noch nicht entdeckt ist und dies auch dem Anzeiger nicht bekannt ist, kann daher noch strafaufhebend Selbstanzeige erstattet werden.

15.14 Selbstanzeige/Verjährung

Der Abgabepflichtige A hat seit jeher Einkünfte aus seinem ausländischen Wertpapierdepot nicht versteuert. 2006 erstattet A Selbstanzeige für die letzten 8 Jahre (1998–2005), indem er berichtigte ESt-Erklärungen einreicht, da er davon ausgeht, dass für den Zeitraum 1998–2005 Abgaben noch mangels Verjährung erhoben werden dürfen.

Lösung:

Die Selbstanzeige wirkt bei Zutreffen der übrigen Voraussetzungen strafaufhebend.

Allerdings ist die Strafbarkeit der Zeiträume vor 1998 nicht verjährt, weil durch die jährliche abermalige Deliktsbegehung die Verjährung hinsichtlich der jährlich begangenen Finanzvergehen solange nicht eintritt, bis das letzte vorsätzlich begangene Finanzvergehen verjährt ist. Eine Strafaufhebung für Vorjahre hätte eine Darlegung dieser Verfehlungen auch für die Vorzeiträume erfordert. Eine Darlegung dem Grunde nach hätte genügt. Da eine Abgabenbemessung nicht mehr erfolgen kann, ist eine detailliertere Erklärung der Bemessungsgrundlagen nicht mehr erforderlich.

Zu den Fragen der Strafbarkeitsverjährung und abgabenrechtlichen Bemessungsverjährung vgl B.I.16.

16 Strafaufhebung durch Verjährung

16.1 Strafbarkeitsverjährung und steuerrechtliche Bemessungsverjährung

A hat seit jeher die ESt auf die Erträge aus seinem ausländischen Wertpapierdepot hinterzogen. Nunmehr steht für A im Jahr 2006 die Abgabe der Steuererklärung 2005 an.

Lösung:

Es ist zu beachten, dass die Strafbarkeit dieser Hinterziehungen und die Verjährung der Abgabenbemessung eigenständig und unterschiedlich zu beurteilen ist. Da im vorliegenden Fall eine Hinterziehung vorliegt, ist abgabenrechtlich davon auszugehen, dass sich der Verjährungszeitraum von 5 auf 7 Jahre verlängert. Da zudem alljährlich Abgabenbescheide ergangen sind, verlängert sich die Verjährungsfrist um ein Jahr, weshalb eine Abgabenbemessung für die letzten 8 Jahre möglich ist. Strafrechtlich konnte eine Verjährung überhaupt nicht eintreten, da der Abgabepflichtige immer wieder aufs Neue eine Abgabenhinterziehung begangen hat und damit die Verjährung für die Vorzeiträume verhindert hat. In diesem Fall ist die Verjährung für die Vorzeiträume solange gehemmt, bis das letzte vorsätzlich begangene Finanzdelikt verjährt ist.

Haben die aufsummierten Verkürzungen inzwischen die Gerichtszuständigkeitsgrenze von in Summe EUR 75.000,00 überschritten, sind alle zurückliegenden Hinterziehungen noch nicht strafrechtlich verjährt. Wurde diese Grenze der Gerichtszuständigkeit in Summe noch nicht überschritten, so tritt für alle Zeiträume, die länger als 10 Jahre zurück liegen, absolute Verjährung ein, dh dass für diese Zeiträume eine strafrechtliche Verfolgung in Folge Strafaufhebung durch Verjährung nicht mehr zulässig ist.

Zur Frage der Selbstanzeige bei derartigen Serienstraftaten vgl B.I.15.14.

17 Zusammentreffen von mehreren Hinterziehungen

17.1 Zusammenrechnung für Zwecke der Strafrahmenbildung

Der Geschäftsführer GF hat im Laufe der Jahre 2000–2005 KSt- und USt-Hinterziehungen für die X GmbH in Summe von EUR 100.000,00 bewirkt.

Lösung:

Alle von GF begangenen Hinterziehungen sind – soweit sie in dieselbe Finanzamtszuständigkeit fallen – für Zwecke der Ermittlung des Strafrahmens zusammenzurechnen.

Folglich beträgt der Verkürzungsbetrag EUR 100.000,00, weshalb eine Geldstrafe bis 200% des Verkürzungsbetrages verhängt werden kann. Zur Strafrahmenbildung im Falle gewerbsmäßiger Abgabenhinterziehung vgl B.I.19.

17.2 Zusammenrechnung für Zwecke der Zuständigkeitsermittlung

Fall analog 17.1

Lösung:

Auch für Zwecke der Frage, ob die Finanzstrafbehörde oder das Gericht zuständig ist, erfolgt eine Zusammenrechnung aller Verkürzungsbeträge, sofern eine idente Finanzamtszuständigkeit besteht. Soweit diese Verkürzungen mit Vorsatz (Hinterziehungen) begangen worden sind, ist im vorliegenden Fall die Grenze für die Gerichtszuständigkeit (EUR 75.000,00) überschritten. Folglich ist das Gericht – im konkreten Fall das Schöffengericht – zuständig. Zur Frage der Strafbemessung bei Gerichtszuständigkeit, insbesondere zur Möglichkeit der Verhängung einer (zusätzlichen) Freiheitsstrafe, vgl B.I.19.

18 Zusammentreffen von Abgabenhinterziehung mit anderen Straftaten

18.1 Betrug

A hat durch Abgabe einer unrichtigen Steuererklärung eine Abgabenhinterziehung begangen. Er hat die Abgabenbehörde getäuscht und sich dadurch unrechtmäßig bereichert. Es ist zugleich der Tatbestand des Betruges erfüllt.

Lösung:

Das FinStrG regelt ausdrücklich, dass dieses Verhalten nur als Abgabenhinterziehung und nicht als Betrug zu ahnden ist.

18.2 Betrug des Nichtunternehmers

Um fingierte Vorsteuerabzüge geltend machen zu können, deklariert sich A als Unternehmer und gibt Umsatzsteuervoranmeldungen ab. In diesen USt-Voranmeldungen erklärt er Umsätze, die er nicht getätigt hat und nimmt Vorsteuerabzüge aus Scheinrechnungen in erheblicher Höhe in Anspruch.

Lösung:

A ist nicht Unternehmer, da er keine Umsätze erzielt. Ihn treffen daher auch keine abgabenrechtlichen Offenlegungspflichten. Demgemäß kann er keine Abgabenhinterziehung begehen. Im gegebenen Fall kann eine Abgabenhinterziehung die Betrugsstrafbarkeit nicht verdrängen; weshalb das Verhalten des A als Betrug zu verfolgen ist.

18.3 Betrug außerhalb des Geltungsbereiches des FinStrG

A hat für die im abgelaufenen Jahr 2004 beschäftigten Dienstnehmer auch keine Kommunalsteuer abgeführt und nach Ablauf des Jahres keine KommSt-Erklärung abgegeben.

Lösung:
Zur Nichtanwendbarkeit des FinStrG im Bereich der Kommunalsteuer siehe B.I.5.2

Die Sanktionsbestimmung im KommStG wurde vom VfGH aufgehoben. Es gelten die jeweiligen Strafvorschriften in den einzelnen Landesabgabenordnungen.

Diese spezielleren abgabenrechtlichen Strafbestimmungen verdrängen die Strafbarkeit wegen Betruges nach StGB (von den Höchstgerichten noch nicht entschieden).

18.4 Untreue

GF ist Geschäftsführer der X GmbH und an der X GmbH mit 10% beteiligt. GF tätigt bestimmte Geschäfte der X GmbH auf eigene Rechnung und vereinnahmt diese Beträge, ohne sie im Rechenwerk der X GmbH zu erfassen, bzw sie persönlich als Einkommen zu deklarieren.

GF hat dadurch nicht nur eine Abgabenhinterziehung begangen (Nichterklärung einer verdeckten Gewinnausschüttung, dazu siehe B.II.10.), sondern durch Missbrauch seiner Befugnis auch die übrigen Gesellschafter geschädigt (Untreue).

Lösung:
Beide Delikte – Abgabenhinterziehung und Untreue – sind gesondert zu ahnden und verdrängen einander nicht.

18.5 Bilanzdelikte

Wie Fall I.18.4.

GF hat dadurch nicht nur Abgabenhinterziehung und Untreue begangen, sondern auch in der Bilanz der X GmbH die Vermögensverhältnisse dieser Gesellschaft durch Nichtaufnahme von Geschäftsfällen, die auf eigene Rechnung vereinnahmt wurden, unzutreffend dargestellt. GF hat daher auch den Tatbestand § 122 GmbHG erfüllt.

Lösung:
Neben Abgabenhinterziehung und Untreue ist GF auch wegen des Bilanzdeliktes gemäß § 122 GmbHG zu verurteilen.

18.6 Urkundenfälschung (präzise: Beweismittelfälschung)

GF ist Gesellschafter-Geschäftsführer der X GmbH. Er beauftragt erhebliche Umbauarbeiten in seinem Privathaus und veranlasst die Professionisten die Rechnungen mit entsprechend verfälschter Leistungsbeschreibung an die X GmbH, zwecks Geltendmachung von Vorsteuern und Reduktion der KSt-Bemessungsgrundlage, auszustellen. GF hat dadurch nicht nur eine Abgabenhinterziehung begangen, sondern sich auch als Bestimmungstäter an der Urkundenfälschung der Professionisten beteiligt.

Lösung:

Die Beteiligung an der Urkundenfälschung ist nicht strafbar, da aufgrund ausdrücklicher gesetzlicher Bestimmung derartige Urkundenfälschungen, die in Zusammenhang mit einer Abgabenhinterziehung begangen wurden, von der Strafbarkeit der Abgabenhinterziehung verdrängt werden.

18.7 Betrügerische Krida

GF hat als Gesellschafter-Geschäftsführer der X GmbH erheblich „in die eigene Tasche gewirtschaftet". Wesentliche Geschäfte der Gesellschaft hat GF selbst „schwarz" vereinnahmt. In der Folge ist die Gesellschaft in Konkurs verfallen.

Lösung:

GF ist nicht nur wegen Abgabenhinterziehung, sondern auch wegen betrügerischer Krida zu verurteilen.

19 Abgabenhinterziehung und Strafbemessung

19.1 Strafbemessung bei Zuständigkeit des Einzelbeamten

A hat jahrelang ESt und USt im Gesamtausmaß von EUR 20.000,00 hinterzogen. A war bislang finanzstrafrechtlich unbescholten, hat den Schaden vor Verurteilung gutgemacht, somit die Abgaben entrichtet und durch ein frühzeitiges Geständnis die Wahrheitsfindung erheblich erleichtert.

Lösung:

Da der Verkürzungsbetrag unter EUR 22.000,00 liegt, ist im vorliegenden Fall die Finanzbehörde und hier wiederum der Einzelbeamte zuständig. Es darf ausschließlich eine Geldstrafe verhängt werden. Der Geldstrafrahmen beträgt maximal 200% der Verkürzung, somit EUR 40.000,00. Bei der Strafbemessung wird typischerweise von 30%–50% der Verkürzung ausgegangen und dann je nach Vorliegen von Erschwerungs- oder Milderungsgründen reduziert oder erhöht. Im gegenständlichen Fall wirkt sich die Unbescholtenheit, die Schadensgutmachung und das Geständnis strafmildernd aus. Erschwerungsgründe sind keine ersichtlich. Eine Geldstrafe iHv 10%–30% des Verkürzungsbetrages erscheint wahrscheinlich.

Das FinStrG trägt auch auf, die Leistungsfähigkeit bei Bemessung der Strafe zu berücksichtigen. Dies erfolgt in der Praxis kaum, da das derzeitige Sanktionssystem (Strafrahmen nach Verkürzungshöhe) keine taugliche Handhabung vorgibt. Eine bedingte Strafnachsicht ist bei finanzbehördlicher Zuständigkeit unzulässig.

Bei Vorliegen von Gewerbsmäßigkeit, was bei derartigen Serienhinterziehungen regelmäßig anzunehmen sein wird, erhöht sich die Geldstrafdrohung auf bis zu 300% des Verkürzungsbetrages (zur Gewerbsmäßigkeit im Einzelnen siehe B.I.21).

19.2 Strafbemessung bei Zuständigkeit des Spruchsenats

Wie Fall I.19.1, allerdings beträgt die kumulierte Verkürzung EUR 30.000,00.

Lösung:

Wie Fall I.19.1, allerdings ist, weil der Verkürzungsbetrag EUR 22.000,00 überschreitet, nicht der Einzelbeamte, sondern ein Spruchsenat, bestehend aus einem Richter als Vorsitzenden und zwei Beisitzern, zuständig. Neben der Geldstrafe könnte zusätzlich eine Freiheitsstrafe bis 3 Monate verhängt werden, was in der Praxis kaum vorkommt.

19.3 Strafbemessung bei gerichtlicher Zuständigkeit

Wie Fall I.19.1, allerdings beträgt die kumulierte Verkürzung EUR 100.000,00.

Lösung:

Da die Hinterziehung mehr als EUR 75.000,00 beträgt, ist das Gericht (Schöffengericht: 2 Berufsrichter, 2 Laienrichter) zuständig. Neben der

Geldstrafe, die sich nach den gleichen Grundsätzen richtet wie im finanzbehördlichen Verfahren (siehe Fall B.I.19.1 und B.I.19.2) kann zusätzlich auch eine Freiheitsstrafe bis zu 2 Jahren, bei Gewerbsmäßigkeit bis zu 3 Jahren verhängt werden (zu den Besonderheiten der Strafbemessung bei Gewerbsmäßigkeit siehe B.I.19 sowie B.I.21). Allerdings kann – und dies führt in der Praxis zu nicht unerheblichen Vorteilen – bei gerichtlicher Zuständigkeit sowohl die Geldstrafe als auch die Freiheitsstrafe bedingt nachgesehen werden, dh dass dem Verurteilten eine Probezeit auferlegt wird. Macht sich der Verurteilte während dieser Probezeit keiner weiteren Abgabenhinterziehung schuldig, ist die Strafe endgültig nachzusehen; dies bedeutet, dass die Strafe in diesem Umfang nicht zu entrichten bzw die Freiheitsstrafe nicht zu verbüßen ist. Vielfach werden in der Praxis Geldstrafen bei gerichtlicher Zuständigkeit mit bis zu 50% bedingt nachgesehen, in den wenigen Fällen, in denen Freiheitsstrafen verhängt werden, werden diese vielfach sogar zur Gänze bedingt nachgesehen. Im vorliegenden Fall würde in der Praxis kaum eine Freiheitsstrafe verhängt werden. Eine Diversion (außergerichtlicher Tatausgleich) ist in Finanzstrafsachen sowohl bei finanzbehördlicher als auch bei gerichtlicher Zuständigkeit ausgeschlossen.

20 Verantwortlichkeit des Unternehmens für Abgabenhinterziehungen

20.1 Straftat des Entscheidungsträgers

GF hat als Geschäftsführer der X GmbH für das Steuerjahr 2006 erhebliche USt und KSt-Verkürzungen begangen, in dem er unvollständige Steuererklärungen eingereicht hat.

Lösung:

Neben der strafrechtlichen Verantwortlichkeit des GF selbst hat GF als Entscheidungsträger für die X GmbH eine Verbandsverantwortlichkeit der X GmbH ausgelöst. Die Tat wurde zu Gunsten der X GmbH begangen (Steuerersparnis); darüber hinaus wurden auch Pflichten verletzt, die die X GmbH treffen (Steuererklärungspflicht). Selbst das Vorliegen einer dieser beiden Voraussetzungen, würde bereits die Verbandsverantwortlichkeit der X GmbH begründen. Demnach ist nicht nur gegen den Geschäftsführer, sondern auch gegen die X GmbH eine Verbandsgeldbuße für Abgabenhinterziehungen ab 1. Jänner 2006 zu verhängen. Die Strafbemessung richtet sich nach den gleichen Grundsätzen, welche auch für natürliche Personen gelten (vgl B.I.19.). Allerdings ist die Geldbuße nach Maßgabe der Leistungsfähigkeit der X GmbH zu bemessen.

20.2 Straftat des Mitarbeiters

Der Verkaufsmitarbeiter M der X GmbH wird von einem Kunden dazu veranlasst, eine Rechnung derart abzuändern, dass die Rechnung einen unrichtigen Leistungsgegenstand aufweist und die Rechnung nicht an den wahren Abnehmer, sondern an ein Unternehmen zwecks Erschleichung des Vorsteuerabzuges ausgestellt wird.

Lösung:

Der Mitarbeiter M hat sich damit an der Abgabenhinterziehung des Kunden beteiligt (Beitragstäter siehe B.I.11). Eine Verbandsverantwortlichkeit der X GmbH kann aber nicht nur durch eine Straftat eines Entscheidungsträgers, sondern bereits durch eine Straftat des Mitarbeiters ausgelöst werden, sofern die Straftat durch eine Verletzung der Kontrollpflichten der Entscheidungsträger ermöglicht wird. Ist die Verletzung der Kontrollpflicht der Geschäftsführer zu bejahen – was durch die begangene Straftat regelmäßig indiziert sein wird – so ist auch eine Verbandsgeldbuße gegen die X GmbH zu verhängen.

Die Verbandsgeldbuße ist steuerlich nicht abzugsfähig.

21 Gewerbsmäßige Abgabenhinterziehung

21.1 Gewerbsmäßigkeit

Der Abgabepflichtige A begeht fortlaufend durch Nichterklärung einer Einkunftsquelle eine Abgabenhinterziehung. Die kumulierten Verkürzungen betragen insgesamt

- a) EUR 100.000,00
- b) EUR 600.000,00
- c) EUR 4 Mio

Lösung:

Begeht ein Abgabepflichtiger eine Abgabenhinterziehung, bei welcher es ihm darauf ankommt, sich durch die wiederkehrende Begehung eine fortlaufende Einnahme zu verschaffen, verwirklicht er eine gewerbsmäßige Hinterziehung.

Bei Serienhinterziehungen wird regelmäßig eine Wiederholungsabsicht mit dem Ziel der fortlaufenden Einnahme anzunehmen sein.

Im Falle der Gewerbsmäßigkeit erhöht sich die maximale Geldstrafdrohung auf das Dreifache des Verkürzungsbetrages. Darüber hinaus besteht, je nach Höhe der Verkürzung, eine höhere Freiheitsstrafdrohung als bei „einfacher" Abgabenhinterziehung. Im Fall a) kann die Freiheitsstrafe bis zu 3 Jahre betragen, im Fall b) – weil EUR 500.000,00 übersteigend – bis zu 5 Jahre und im Fall c) – weil EUR 3 Mio übersteigend – bis zu 7 Jahre. In Fällen der Abgabenhinterziehungen der Kategorie b) und c) besteht künftig die erhöhte Gefahr, dass neben massiven Geldstrafen auch zunehmend (unbedingte) Freiheitsstrafen verhängt werden (zur Bemessung der Freiheitsstrafe vgl B.I.19).

21.2 Gewerbsmäßige Abgabenhinterziehung als Vortat der Geldwäscherei

GF ist Gesellschafter-Geschäftsführer der X GmbH. GF hat laufend erhebliche Umsätze der GmbH auf eigene Rechnung „schwarz" vereinnahmt. Diese Mittel wurden auf einem Depot einer österreichischen Bank veranlagt und dienen zur Besicherung eines betrieblichen Kredites für die X GmbH.

Die finanzierende Bank kennt die deliktische Herkunft der Mittel; nunmehr überlegt der Geldwäschereibeauftragte, ob die Entgegennahme dieser Mittel, die aus einer gewerbsmäßigen Abgabenhinterziehung stammen, den Geldwäschereitatbestand verwirklicht und ob eine entsprechende Meldepflicht an das Bundeskriminalamt besteht.

Lösung:

Auf den hier interessierenden Kern reduziert, begeht eine Geldwäscherei, wer Vermögensbestandteile, die aus einem Verbrechen herrühren, wissentlich an sich bringt, anlegt, verwaltet oder an einen Dritten überträgt.

Die entscheidende Frage besteht nunmehr darin, ob die Vortat der gewerbsmäßigen Abgabenhinterziehung als Verbrechen iSd Geldwäschereitatbestandes anzusehen ist.

Obwohl die gewerbsmäßige Abgabenhinterziehung bei Erreichen der Qualifikationsgrenzen (siehe B.I.21) mit mehr als dreijähriger Freiheitshöchststrafe bedroht ist, liegt nach überwiegender Auffassung kein Verbrechen vor, weil das Finanzstrafgesetz alle Straftaten als Vergehen qualifiziert. Es gibt allerdings in der Literatur auch Gegenstimmen, Judikatur zu dieser Frage liegt noch nicht vor.

21.3 Gewerbsmäßige Abgabenhinterziehung und qualifizierte Fahndungsmethoden (Telefonüberwachung, Rasterfahndung, Lauschangriff)

Siehe B.I.21 und A.I.5.3.1.

Erreichen die kumulierten Hinterziehungsbeträge die Gerichtszuständigkeitsgrenze (EUR 75.000,00), so ist auch bei einfacher Abgabenhinterziehung eine Telefonüberwachung durch Verfügung des Untersuchungsrichters zulässig.

Ein kleiner Lauschangriff oder eine kleine Rasterfahndung ist bei (ausschließlicher) Verfolgung von Finanzvergehen unzulässig.

Derartige Fahndungsmethoden wären nur zulässig, wenn Verbrechen (mit mehr als 3 Jahren Freiheitsstrafdrohung) aufgeklärt werden sollen.

Eine Durchführung eines großen Lauschangriffes bzw einer großen Rasterfahndung kommt überhaupt nicht in Betracht, da hiezu ein Verbrechen mit mehr als 10 Jahren Freiheitsstrafdrohung erforderlich wäre.

22 Abgabenhinterziehung/ verfahrensrechtliche Aspekte

22.1 Abgabenhinterziehung und Zuständigkeit

22.1.1 Finanzbehördliche Zuständigkeit des Einzelbeamten
Vgl B.I.19.1.

22.1.2 Zuständigkeit des Spruchsenates
Vgl B.I.19.2.

22.1.3 Zuständigkeit des Gerichts (Schöffengericht)
Vgl B.I.19.3.

22.1.4 Ausnahmsweise Gerichtszuständigkeit für Fahrlässigkeitsdelikte

A hat in mehreren Jahren insgesamt eine Hinterziehung an USt und ESt von EUR 100.000,00 bewirkt. Darüber hinaus hat er bei identer Finanzamtszuständigkeit eine fahrlässige Abgabenverkürzung von weiteren EUR 10.000,00 bewirkt.

Lösung:
Ausnahmsweise hat aufgrund ausdrücklicher gesetzlicher Bestimmung das Gericht auch über diese fahrlässige Abgabenverkürzung zu erkennen.

22.1.5 Gerichtszuständigkeit für Tatbeteiligte

A hat mehrere Jahre ESt und USt von insgesamt EUR 100.000,00 hinterzogen. An einer USt-Hinterziehung iHv EUR 10.000,00 war auch sein Mitarbeiter R als Beitragstäter beteiligt.

Lösung:
Ausnahmsweise ist in diesem Fall das Gericht auch für die zusammenhängende Straftat des Beitragstäters R zuständig, obwohl isoliert betrachtet, bloß finanzbehördliche Zuständigkeit bestünde. Mit der Verurteilung des R durch das Gericht sind aber nicht die Folgen einer strafgerichtlichen Verurteilung verbunden (nicht vorbestraft; somit erfolgt keine Eintragung in das Strafregister; was im Urteil gesondert festzuhalten ist).

22.2 Absprachen/Vergleiche im Finanzstrafverfahren

22.2.1 Strafrechtliche Zusagen der Abgabenbehörde

Die Betriebsprüfung des Einzelunternehmens des X ist abgeschlossen. Nunmehr findet eine Schlussbesprechung statt. Im Zuge der Schlussbesprechung versuchen die Vertreter der Finanzbehörde und X bzw sein Steuerberater eine „verträgliche" Gesamtlösung der getroffenen Feststellungen zu verhandeln.

X wäre bereit, die im Zuge der Verhandlung etwas reduzierte Prüfungsfeststellung der Behörde zu akzeptieren und einen Rechtsmittelverzicht abzugeben, wenn er die Gewissheit hätte, dass diese Prüfungsfeststellungen in der Folge zu keinem Finanzstrafverfahren gegen ihn führen werden. Insbesondere eine Prüfungsfeststellung macht X Kopfzerbrechen, da er in diesem Punkt strafrechtliche Vorwürfe befürchtet. Daraufhin erklärt der auf Seiten der Finanzbehörde führende Verhandlungsleiter, der zuständige Amtsvorstand des Finanzamtes ohne Rücksprache mit der zuständigen Strafsachenstelle, dass ein Finanzstrafverfahren nicht eingeleitet werde bzw bei gerichtlicher Zuständigkeit, dass strafrechtliche Ermittlungen und ein Anfallsbericht an die Staatsanwaltschaft unterbleiben werden.

Lösung:
Eine derartige Zusage ist den Organen der Finanzbehörde ausdrücklich untersagt. Eine derartige Zusage ist pflichtwidrig, unzulässig und jedenfalls unwirksam. Wird in der Folge ein Strafverfahren gegen X eingeleitet, hat er keinen Rechtsschutz.

Allerdings könnte der Rechtsmittelverzicht den X im Hinblick auf die Zusage, dass ein Finanzstrafverfahren unterbleiben werde, abgegeben hat, durch einen Wiedereinsetzungsantrag bekämpfbar sein, weil die Behörde einen Irrtum des Steuerpflichtigen veranlasst hat.

22.2.2 Zusagen durch die zuständige Strafsachenstelle

Im Zuge einer Betriebsprüfung äußert der Steuerpflichtige, dass er die Prüfungsfeststellungen nur dann anerkennen werde (gleich ob unter Inaussichtstellung eines formellen Rechtsmittelverzichtes oder lediglich informell) wenn er auch Klarheit über mögliche strafrechtliche Folgewirkungen erhalte. Demnach werden die Akten dem zuständigen Organ der Strafsachenstelle zugeleitet, welches das Vorliegen von Verdachtsmomenten sorgfältig prüft und in der Folge zB zu dem Ergebnis kommt, dass strafrechtliche Verdachtsmomente nicht vorliegen und daher die Einleitung eines Finanzstrafverfahrens bzw bei gerichtlicher Zuständigkeit, strafrechtliche Ermittlungen und ein Anfallsbericht an die Staatsanwaltschaft unterbleiben kann. Dennoch wird in der Folge ein Finanzstrafverfahren eingeleitet bzw werden strafrechtliche Ermittlungen geführt und ein Anfallsbericht an die Staatanwaltschaft erstattet.

Lösung:
Die Vorgehensweise der Organe der Finanzbehörde ist in diesem Fall pflichtgemäß. Gegen eine derartige vorgezogene Sichtung der strafrechtlichen Verdachtsmomente besteht kein Einwand. Im Sinne einer Streitbeilegung und somit im Interesse des Rechtsfriedens kann eine solche Vorgehensweise prozessökonomisch und sinnvoll sein.

Die unzulässige Koppelung der Ergebnisse des Abgabenverfahrens mit dem Strafverfahren liegt nicht vor, wenn diese abgabenrechtlichen und strafrechtlichen Ermittlungen bloß zeitgleich abgestimmt erfolgen, ohne diese in gegenseitige Abhängigkeit zu setzen. Der Abgabenpflichtige muss sich allerdings dessen bewusst sein, dass das in Aussicht stellen, auf Basis der vorliegenden Unterlagen würden keine strafrechtlichen Verdachtsmomente vorliegen, lediglich auf informeller Basis erfolgt und somit keinerlei

Bindungswirkung entfaltet. Treten zB neue Verdachtsmomente in Erscheinung, muss ein Finanzstrafverfahren eingeleitet werden bzw sind bei gerichtlicher Zuständigkeit strafrechtliche Ermittlungen zu führen und ein Anfallsbericht an die Staatsanwaltschaft zu erstatten. Wird die Zusage kein Verfahren einzuleiten gegeben und dennoch in der Folge ein Finanzstrafverfahren eingeleitet, hat der Betroffene keinen Rechtsschutz. Es wird Aufgabe des Steuerberaters sein, seinen Mandanten auf dieses Rechtsschutzdefizit hinzuweisen.

22.2.3 Verzicht auf mündliche Verhandlung vor dem Spruchsenat

Im Zuge einer Betriebsprüfung wurde festgestellt, dass der Steuerpflichtige X Abgaben in Höhe von EUR 30.000,00 hinterzogen hat. Die Feststellungen wurden sachgerecht getroffen, auch die subjektive Tatseite (Hinterziehungsvorsatz) liegt im gegebenen Fall zweifelsfrei vor.

Eine Verurteilung des X durch den zuständigen Spruchsenat ist unabwendbar und X fragt nunmehr bei seinem Verteidiger (Steuerberater oder Rechtsanwalt) an, wie das Verfahren möglichst „billig" zu einem Ende gebracht werden kann.

Lösung:

Auf die Durchführung einer mündlichen Verhandlung vor dem Spruchsenat kann verzichtet werden. In diesem Fall unterbleibt die mündliche Verhandlung und das Straferkenntnis ergeht auf Basis der Aktenlage. In derartigen Fällen erfolgt oftmals eine Kontaktaufnahme des Verteidigers mit dem zuständigen Amtsbeauftragten des Finanzamtes, um die mildernde Wirkung eines Geständnisses bei der Strafbemessung auszuloten. Manchmal erfolgt in diesen Fällen eine Rücksprache des Amtsbeauftragten mit dem vorsitzenden Richter im Hinblick auf die Strafbemessung bei Abgabe eines schriftlichen Geständnisses im Vorfeld. Der Richter kann dabei dem Erkenntnis des Spruchsenates (Kollegialorgan) nicht vorgreifen, sondern kann nur zum Ausdruck bringen, welche Strafe er persönlich – vorbehaltlich der Einschätzung des Senats – als angemessen ansehen würde. Regelmäßig wird ein Geständnis im Vorfeld zu einer milderen Strafbemessung führen, der Entfall der mündlichen Verhandlung spart erheblich Prozesskosten. Für den Fall, dass die Strafe unerwartet streng ausfällt, kann Rechtsmittel an den zuständigen UFS geführt werden.

22.2.4 Absprachen/gebotene Geständnisse

Aufgrund einer Anzeige erfolgen in einem mittelgroßen Bauunternehmen strafrechtliche Ermittlungen durch die Abgabenbehörde, die Gerichtszuständigkeitsgrenze ist überschritten (Verkürzungen von mehr als EUR 75.000,00).

Es besteht der Verdacht, dass in manchen Sparten „schwarze Umsätze" getätigt worden sind. In der Folge werden die Kunden des betroffenen Unternehmens befragt, um den Anteil der Schwarzumsätze zu ermitteln. Die Kundenbefragungen bestätigen den strafrechtlichen Verdacht. In manchen Sparten liegt aufgrund der stichprobenweise durchgeführten Befragungen bereits eine Basis für eine ausreichend verlässliche statistische Schätzungsmethode vor, die den strafrechtlichen Beweisanforderungen genügt. In anderen Sparten, in denen noch keine planmäßigen Befragungen der Unternehmenskunden stattgefunden hat, erhärtet sich der Verdacht, dass auch erhebliche Schwarzumsätze getätigt wurden.

Die Kundenbefragungen führen für das regional tätige Unternehmen zu massiven Imageverlusten am Markt.

Der Steuerberater des Unternehmens versucht nun eine Lösung herbeizuführen, die die fortschreitende Imageschädigung des Unternehmens vermeidet.

Lösung:

Strafrechtliche Ermittlungen zur Ermittlung der Hinterziehung in den einzelnen Sparten können uU nur dann vermieden werden, wenn der Abgabenpflichtige plausibel und nachvollziehbar die Schwarzumsätze in diesen Sparten eingesteht. Steuerberater und Rechtsanwalt werden in diesem Fall bestrebt sein, ein plausibles nachvollziehbares Geständnis vorzubereiten, das die Finanzbehörde als der Wirklichkeit entsprechend akzeptieren und ihrem Abschlussbericht an die Staatsanwaltschaft zugrunde legen wird. In diesem Fall werden weitere schädliche Kundenbefragungen entbehrlich sein.

22.3 Vereinfachtes Verfahren

Im Zuge einer Betriebsprüfung des Einzelunternehmens des A werden Hinterziehungen im Gesamtausmaß von EUR 10.000,00 festgestellt. A ist geständig und beauftragt seinen Steuerberater rasch eine möglichst „billige" Lösung herbeizuführen.

Lösung:

Ist die Zuständigkeit für den Spruchsenat nicht überschritten (Verkürzungsbeträge von weniger als EUR 22.000,00) kann ein vereinfachtes Verfahren abgeführt werden. Dieses Verfahren könnte zB in diesem Fall durch den Steuerberater angeregt werden, in dem er die Strafsachenstelle ersucht, eine Strafverfügung zu erlassen. Die Höhe der Strafverfügung kann informell verhandelt werden. Ergeht eine Strafverfügung mit einer zu hohen Strafe, kann dagegen ein Einspruch geführt werden, der dazu führt, dass die Strafverfügung außer Kraft tritt und eine mündliche Verhandlung – bei entsprechendem Antrag vor dem Spruchsenat – sonst vor dem Einzelbeamten durchzuführen ist. Bei einem Einspruch gegen eine Strafverfügung besteht allerdings das Risiko, dass die Strafe höher als in der ursprünglich bekämpften Strafverfügung ausfällt (kein Verschlechterungsverbot).

ABGABENHINTERZIEHUNG – FALLGRUPPEN DER PRAXIS II

1 Geschätzte Hinterziehungsbeträge

1.1 Taugliche Schätzungsmethoden im Strafverfahren

E betreibt ein gewerbliches Einzelunternehmen und hat seit jeher erhebliche Anteile seiner Umsätze „schwarz" vereinnahmt. E hat damit kontinuierlich ESt und USt hinterzogen. Um in seinen Büchern einen einigermaßen plausiblen Rohaufschlag darzustellen, hat E auch einen Teil seines Wareneinkaufs in den Büchern nicht erfasst und auch verschiedene Leistungen seiner Mitarbeiter „schwarz", somit ohne Abfuhr von Lohnabgaben, vergütet. E hat über diese „schwarz" getätigten Umsätze, den „schwarzen" Wareneinsatz und über die Schwarzlohnzahlungen nie Buch geführt und kann die Höhe dieser Beträge auch nicht mehr rekonstruieren.

Aufgrund einer Anzeige eines entlassenen Mitarbeiters findet nunmehr eine Hausdurchsuchung bei E statt, bei der eine Vielzahl von belastenden Unterlagen sichergestellt werden. In der Folge prüft die Finanzbehörde im Auftrag des Gerichtes und soll die Höhe der verkürzten Abgaben im Schätzungswege feststellen. Zu diesem Zweck wird eine Schätzung der Schwarzeinnahmen und der Schwarzlöhne vorgenommen, wobei sich die Behörde in erster Linie an Auskünften des Anzeigers sowie an äußeren Betriebsvergleichsdaten orientiert.

Über eine pauschale Umsatz- und Gewinnschätzung wird darüber hinaus ein Sicherheitszuschlag verhängt, um mögliche weitere nicht nachvollziehbare Hinterziehungen zu berücksichtigen. Ein erhöhter Wareneinsatz wird bei den Schätzungen nicht berücksichtigt, weil dieser vom Betroffenen nicht entsprechend nachgewiesen werden kann.

Auf Basis dieser Schätzungen ermittelt die Abgabenbehörde im Auftrag des Gerichts die Höhe der verkürzten Abgabe mit EUR 600.000,00 und erstattet in diesem Sinne die Schlussanzeige an das Gericht.

Lösung:

Nicht nur im Abgabenverfahren dürfen bei Zutreffen der entsprechenden Voraussetzungen die Bemessungsgrundlagen durch Schätzung ermittelt werden. Dies gilt eingeschränkt auch im Strafverfahren. Derartige Schätzungsergebnisse sind im Strafverfahren jedoch nur dann heranzuziehen, wenn sie strafrechtlichen Beweisgrundsätzen entsprechen, dh wenn der Richter im Rahmen der freien Beweiswürdigung zur vollen Überzeugung gelangen kann, dass zumindest Hinterziehungen in dieser Höhe stattgefunden haben. Dazu ist es erforderlich, das Schätzungsergebnis durch verschiedene plausible statistische Methoden zu verproben und die Einwendungen des Betroffenen sachgerecht zu berücksichtigen. Im vorliegenden Fall sind jedenfalls die Sicherheitszuschläge aus den strafrechtlich relevanten Verkürzungsbeträgen auszuscheiden. Die übrigen Schätzungsbeträge sind dann strafrechtlich relevant, wenn die angewendeten Schätzungsmethoden zu plausiblen nachvollziehbaren Ergebnissen führen, die die entsprechende Überzeugung des Richters herbeiführen können. Auch die nicht erfassten Wareneinsätze sind zu Gunsten des Betroffenen zu berücksichtigen und zwar unter Anwendung plausibler betriebswirtschaftlicher Kalkulationsgrundlagen. Die Berücksichtigung der Schwarzlöhne hat zur Folge, dass sich insoweit die Einkommensteuerverkürzung durch Abzug dieser Betriebsausgaben reduziert, dass aber andererseits die nicht abgeführte Lohnsteuer und die verkürzten Lohnabgaben die Verkürzungsbeträge erhöhen.

2 Verkürzung durch Nichtbenennung der Empfänger

GF ist Geschäftsführer der X GmbH, die internationale Handelsgeschäfte abwickelt. Zur Akquirierung von Aufträgen werden in- und ausländische Provisionsvertreter beschäftigt, an die Abschlussprovisionen bezahlt werden.

Im Zuge einer Außenprüfung bei der X GmbH stellt der Prüfer die Frage, wer im Einzelnen die entsprechenden Provisionen erhalten habe. Für den Fall, dass diese Benennung nicht erfolgt, sieht das Gesetz die Rechtsfolge vor, dass der Betriebsausgabenabzug nachträglich zu versagen ist.

Lösung:
Im Falle der Nichtbenennung der Empfänger derartiger Betriebsaufwendungen entfällt nachträglich der Betriebsausgabenabzug. Es handelt sich dabei um eine Gefährdungshaftung für den Abgabenanspruch der Empfänger. Eine Abgabenhinterziehung liegt nicht vor. Die Sanktion besteht in diesem Fall in der Verweigerung des Betriebsausgabenabzuges. Zu den Beteiligungsrisiken bei der Absprache der Nichtnennung vgl B.I.11.

3 Abgabenhinterziehung durch Abzug von Schmiergeldern

Die X Straßenbau GmbH wickelt Aufträge in Österreich und Rumänien ab. Der Geschäftsführer GF ist für die Auftragsakquisition zuständig und bezahlt Schmiergelder an

a) Beamte in Österreich und Rumänien
b) Bedienstete öffentlicher Unternehmen in Österreich und Rumänien
c) Angestellte Einkäufer in Österreich und Rumänien.

Zur Tarnung der Schmiergeldzahlungen legt eine Briefkastengesellschaft auf den Cayman Islands Rechnungen über Beratungsleistungen an die X GmbH, die dann im Wege von kick-backs (Rückgängigmachung des nur zum Schein gewährten Vorteils) für die Bestechungen verwendet werden.

Lösung:
Zahlungen, deren Gewährung oder Annahme mit gerichtlicher Strafe bedroht sind, sind steuerlich nicht abzugsfähig. Der Anwendungsbereich dieses Abzugsverbotes ist umstritten.

a) Beamtenbestechung ist sowohl bei Begehung im Inland als auch bei Begehung im Ausland und sowohl bei Bestechung inländischer Beamter als auch ausländischer Beamter mit gerichtlicher Strafe bedroht. Es liegt somit nicht nur im Inland eine gerichtlich strafbare Beamtenbestechung vor, es greift auch das ertragsteuerliche Abzugsverbot, was zur Folge hat, dass insoweit Abgabenhinterziehung vorliegt. Das Korruptionsdelikt und die Abgabenhinterziehung sind gesondert zu ahnden.
b) Gleiche Lösung wie a).
c) Ob die Privatbestechung (Untreuezahlung) vom Geltungsbereich dieses Abzugsverbotes umfasst ist, wird in der Literatur uneinheit-

lich beantwortet. Eine diesbezügliche Rechtsprechung liegt noch nicht vor. Ungeklärt ist ferner, ob eine Privatbestechung im Ausland das steuerliche Abzugsverbot auslöst. Die Schmiergeldzahlung im Inland an den Einkäufer stellt regelmäßig eine Bestimmung zur Untreue dar und ist demnach gerichtlich strafbar. Ob das Abzugsverbot greift und ob in diesem Fall eine Hinterziehung vorliegt, wird die Rechtsprechung zu klären haben. So lange die Frage nicht entsprechend geklärt ist, wird Vorsatz in Folge eines rechtlich bedeutsamen Irrtums in Abrede zu stellen sein (zur Rechtsfolge des Irrtums vgl B.I.12).

4 Verkürzung durch Verletzung steuerlicher Nachweispflichten

4.1 Mangelnde Dokumentation von Angehörigenvereinbarungen

A hat mit seiner ihm alleingehörigen Kapitalgesellschaft X einen mündlichen Darlehensvertrag abgeschlossen. Die Kapitalgesellschaft hat die dafür bezahlten Zinsen als Betriebsaufwand abgesetzt.

Im Zuge einer Außenprüfung wird der Betriebsausgabenabzug für die Darlehenszinsen aberkannt, weil der Darlehensvertrag nicht zeitgerecht schriftlich dokumentiert wurde. Der Außenprüfer führt aus, dass nach der stRsp des VwGH Verträge zwischen nahen Angehörigen nur anzuerkennen sind, wenn sie im Vorhinein schriftlich und wie unter Fremden abgeschlossen wurden.

Lösung:

Die von der Rechtsprechung entwickelten Prüfungsgrundsätze für Angehörigenvereinbarungen sind besondere Beweisgrundsätze des Abgabenverfahrens. Die Tatsache der mangelnden Dokumentation bedeutet daher noch nicht, dass unter Anwendung strafrechtlicher Beweisgrundsätze eine Abgabenverkürzung vorliegt. Im Strafverfahren wird zu klären sein, ob zwischen den Vertragsparteien – wenn auch nur mündlich – ein Darlehensvertrag abgeschlossen wurde. Die mangelnde Dokumentation für sich alleine kann keine Strafbarkeit nach dem FinStrG begründen.

4.2 Mangelnder Nachweis des Werbecharakters

Der Abgabepflichtige A hat im Rahmen der Gewinnermittlung seines Gewerbebetriebes erhebliche Repräsentationsaufwendungen (Bewirtung, Spesen) als Betriebsausgaben in Abzug gebracht. Im Zuge einer Außenprüfung wird der Betriebsausgabenabzug verweigert, weil der Abgabepflichtige es unterlassen hat, den im Gesetz vorgesehenen Nachweis des Werbecharakters der Aufwendungen zu erbringen.

Lösung:

Die Abgabengesetze sehen vor, dass ein Abzug derartiger Repräsentationsaufwendungen nur erfolgen kann, wenn der Nachweis des Werbecharakters der Aufwendungen vom Abgabepflichtigen nachgewiesen wird. Es handelt sich dabei um eine Beweislastverteilung im Abgabenverfahren zu Lasten des Abgabepflichtigen. Insoweit wird der Amtswegigkeitsgrundsatz der Abgabenbehörde verdrängt. Diese Beweislastverteilung gilt für das Strafverfahren nicht. Allerdings wird der Abgabepflichtige auch in seinem Interesse im Strafverfahren tunlichst Argumente für den Werbecharakter vorbringen, andernfalls die Finanzstrafbehörde/das Gericht auf Basis der ihr zugänglichen und ermittelbaren Beweise – in diesem Fall uU unter Außerachtlassung von Argumenten, die nur vom Pflichtigen selbst vorgebracht werden können – versuchen wird, zu einem schlüssigen Beweisergebnis zu gelangen.

4.3 Mangelnder Buchnachweis

Ein österreichischer Autohändler liefert Fahrzeuge nach Deutschland (steuerfreie innergemeinschaftliche Lieferung). Die Fahrzeuge werden von den deutschen Händlern abgeholt. Der österreichische Autohändler unterlässt es, den Tag der Abholung, den Namen und die Anschrift des Beauftragten des Abnehmers aufzuzeichnen, weil er die entsprechende Verpflichtung nicht kennt.

Im Rahmen einer Außenprüfung wird festgestellt, dass der erforderliche Buchnachweis bei innergemeinschaftlichen Lieferungen nicht erbracht wurde. Die Fahrzeuge wurden unzweifelhaft an einen EU-Mitgliedsstaat geliefert. Im Anschluss an die Außenprüfung werden die Lieferungen der Mehrwertsteuer unterzogen.

Lösung:

Derartige abgabenrechtliche formelle Nachweispflichten sind zwar vielfach Teil des materiellen Steuertatbestandes, können aber dennoch in den

Tatbestand der Abgabenhinterziehung nicht einfließen, weil es sich dabei letztlich um abgabenrechtliches Beweisrecht handelt.

Im Strafverfahren wird daher zu klären sein, ob die materiellen Voraussetzungen einer innergemeinschaftlichen Lieferung vorliegen.

Inzwischen hat der VfGH für Zwecke des Abgabenverfahrens judiziert, dass der Buchnachweis keine materielle Voraussetzung für die Steuerfreiheit ist und der Nachweis auch durch andere geeignete Beweismittel im Abgabenverfahren erbracht werden kann.

4.4 Vorsteuerabzug und mangelhafte Rechnung

Der Unternehmer U erhält von seinem Lieferanten eine Rechnung über eine unternehmerische Lieferung, in der wesentliche Rechnungsmerkmale fehlen. Ein Vorsteuerabzug ist daher aufgrund dieser mangelhaften Rechnung unzulässig. Der Einfachheit halber besteht U nicht auf einer Rechnungsergänzung durch den Lieferanten, sondern nimmt den Vorsteuerabzug aufgrund der mangelhaften Rechnung vor.

Lösung:

Der Vorsteuerabzug wurde im gegenständlichen Fall zu Unrecht geltend gemacht, weil es an einer vollständigen mehrwertsteuergerechten Rechnung mangelt. Dennoch ist die materielle Komponente des Vorsteuerabzuges – die Lieferung für Zwecke des Unternehmens – gegeben. Die Praxis geht in derartigen Fällen davon aus, dass eine Verkürzung iSd FinStrR nicht angenommen wird, da nach den einschlägigen Erlässen eine verbesserungsfähige Rechnung vorliegt. Damit wird die Zuwiderhandlung von Formvorschriften zutreffend als bloße Finanzordnungswidrigkeit behandelt.

5 Abgabenhinterziehung und Scheingeschäft

Der Abgabepflichtige A betreibt einen gewinnträchtigen Gewerbebetrieb. Um die ESt-Bemessungsgrundlage wesentlich zu reduzieren, schließt er mit einer Bank in Liechtenstein einen Kreditvertrag ab. Im Zuge dieses Kreditvertrages nimmt das Einzelunternehmen erhebliche Fremdmittel auf und verpflichtet sich dafür, gewinnabhängige Zinsen iHv 50% des Gewinnes des Gewerbebetriebes abzuführen.

Beim gewährten Kredit handelt es sich um das dem A gehörige Depot in Liechtenstein, auf dem A „schwarz" veranlagt hat. Es wird vereinbart, dass A die von ihm bezahlten gewinnabhängigen Zinsen wieder auf seinem Depot abzüglich einer – unverhältnismäßig hohen – Provision gutgeschrieben erhält.

Lösung:

Die Parteien haben im gegenständlichen Fall gar nicht beabsichtigt einen Kreditvertrag abzuschließen, sondern nur vorgetäuscht. Scheinhandlungen können auch im Abgabenrecht keine rechtlichen Wirkungen entfalten. Die gewinnabhängigen Zinsen stellen daher keine Betriebsaufwendungen dar. Der Abzug führt zu einer Abgabenhinterziehung.

Scheingeschäfte, bei denen die Parteien zum Schein Erklärungen abgeben und die wirtschaftlichen Auswirkungen nicht eintreten lassen, führen regelmäßig zu Abgabenhinterziehungen, da sie typischerweise auch heimlich gehandhabt werden, dh unter Verletzung von abgabenrechtlichen Offenlegungspflichten.

6 Abgabenhinterziehung durch Einschaltung von Oasengesellschaften/ Briefkastengesellschaften

Der Gesellschafter-Geschäftsführer GF der X GmbH gründet auf Anraten eines liechtensteinischen Treuhänders eine Fakturierungsgesellschaft in Liechtenstein, über die künftig die Exportgeschäfte der X GmbH abgewickelt werden sollen. Die Fakturierungsgesellschaft ist eine bloße Briefkastengesellschaft, verfügt lediglich über eine Adresse, aber keine Räumlichkeiten und Mitarbeiter. Ziel dieser Gestaltung ist lediglich, einen Gewinnaufschlag in der Steueroase Liechtenstein zu erzielen und diesen der österreichischen Besteuerung zu entziehen.

Lösung:

Die österreichische Rechtsprechung geht davon aus, dass Gesellschaften, die keinerlei Leistungen erbringen, auch keine Einkünfte zuzurechnen sind. Der gesamte in Liechtenstein erzielte Gewinn ist daher der X GmbH zuzurechnen. Eine strafbare Abgabenhinterziehung wurde bewirkt.

Die österreichischen Finanzbehörden verfügen inzwischen über erhebliche Informationen über Briefkastengesellschaften in Steueroasen (insbesondere Liechtenstein) aufgrund einer umfangreichen Zusammenarbeit mit dem deutschen Bundeszentralamt für Steuern. Dies, obwohl Liechtenstein Auskünfte im Abgabenverfahren verwehrt.

7 Abgabenhinterziehung durch Missbrauch von Formen und Gestaltungsmöglichkeiten des bürgerlichen Rechts

A ist Vorstand der X AG, die wiederum Holdinggesellschaft eines internationalen Konzerns mit Sitz in Österreich ist. Über Empfehlung der Berater wird in Irland eine Finanzierungsgesellschaft gegründet, die künftig die Konzernfinanzierungsfunktion übernehmen soll. Der Vorteil dieser Gestaltung ist in erster Linie ein steuerlicher: der in Irland erzielte Aufschlag auf die Finanzierungsleistungen unterliegt in Irland nur einer sehr geringen Besteuerung. Im Zuge einer Gewinnausschüttung können diese Gewinne steuerfrei als internationale Schachteldividende nach Österreich gelangen. Gegenüber der Finanzbehörde werden von der X AG auch zahlreiche andere wirtschaftliche Gründe vorgebracht, die für die Sinnhaftigkeit der Gestaltung sprechen.

Dennoch wird diese Gestaltung wegen Missbrauchs von Formen und Gestaltungsmöglichkeiten des bürgerlichen Rechtes von der Finanzverwaltung nicht anerkannt. Der VwGH bestätigt im Rechtsstreit das Vorliegen von Missbrauch.

Lösung:

Im Abgabenrecht wird Missbrauch angenommen, wenn eine Gestaltung im Hinblick auf den angestrebten Erfolg ungewöhnlich, unangemessen und ausschließlich steuerlich motiviert ist, dh wenn dafür keine vernünftigen außersteuerlichen Gründe vorgebracht werden können.

Die Annahme von Missbrauch ist „Erfinderschicksal": wer als erster eine Gestaltung versucht, wird oft „bestraft", weil sie eben (noch) nicht gewöhnlich ist. Die Frage, ob außersteuerliche Argumente anerkannt werden oder lediglich als Scheinargumente abgetan werden, ist vielfach nicht klar vorauszusagen. Wird wohl überlegten Gestaltungen die Anerkennung mit dem Argument Missbrauch versagt, scheitert die Annahme einer Hinterziehung regelmäßig am vorliegenden Vorsatz. Der Abgabepflichtige ist regelmäßig einem Irrtum unterlegen.

Zur Relevanz des Irrtums im Finanzstrafverfahren vgl B.I.12. Weiters bestehen gegen eine Anwendung der abgabenrechtlichen Missbrauchsbestimmung im Rahmen der Feststellung einer Verkürzung im Abgabenverfahren – im Hinblick auf den unklaren Anwendungsbereich – erhebliche Legalitätsbedenken.

In der Praxis kam es in Österreich bislang zu keiner einzigen Verurteilung wegen Abgabenhinterziehung in Folge von Missbrauch.

Davon sind jedoch Steuergestaltungen unter Einschaltung von Oasengesellschaften (Briefkastengesellschaften) scharf zu trennen. Diesbezüglich siehe B.II.6.

8 Erzwungene Pflicht zur Selbstbelastung und Abgabenhinterziehung

8.1 Selbstbelastung hinsichtlich einer gerichtlichen Straftat

Der Gemeindesekretär G bessert sein Gehalt laufend durch einen Griff in die Gemeindekasse auf. Er verwirklicht dadurch einen Amtsmissbrauch. Die amtsmissbräuchlich erlangten Mittel stellen, da diese aufgrund der nicht selbständigen Tätigkeit erlangt wurden, steuerlich nicht selbständige steuerpflichtige Einkünfte dar, die zu erklären gewesen wären. G gibt für diese veranlagungspflichtigen „Einkünfte" keine Steuererklärung ab. Nunmehr wird gegen ihn ein Finanzstrafverfahren eingeleitet.

Lösung:

Hätte G diese amtsmissbräuchlich erlangten Mittel in seine Steuererklärung aufgenommen, hätte er damit seine Straftat (Amtsmissbrauch) zumindest mittelbar einbekannt. Somit liegt im gegenständlichen Fall ein abgabenverfahrensrechtlicher und strafrechtlicher Zwang vor, eine Straftat einzubekennen. Diese Zwangsandrohung ist verfassungswidrig. Dennoch akzeptiert die österreichische Rechtsprechung diese Zwangssituation nicht und nimmt eine bestehende Offenlegungspflicht an, die bei Verletzung zu einer Verwirklichung einer Abgabenhinterziehung führt.

8.2 Selbstbelastung hinsichtlich nicht erklärter Einkünfte von Vorperioden

Der Abgabepflichtige A verfügt über ein unversteuertes Depot in Liechtenstein. Die Kapitalerträge wurden niemals erklärt. Nunmehr steht er vor der Entscheidung, die Steuererklärung für das Jahr 2005 abzugeben. Wenn er in der Steuererklärung 2005 die Kapitaleinkünfte in die Steuererklärung aufnimmt, würde er damit mittelbar die Hinterziehungen der vorangegangen Jahre einbekennen.

Lösung:

Eine verpönte Zwangssituation ist wohl so lange nicht anzunehmen, als der Abgabepflichtige noch durch strafaufhebende Selbstanzeige eine Strafaufhebung hinsichtlich der bisher nicht erklärten Einkünfte bewirken kann.

9 Abgabenhinterziehung und Verbot der Doppelbestrafung

B verfügt über einen Hauptwohnsitz in Deutschland und über einen Nebenwohnsitz in Österreich. Im Jahr 2005 hat B seiner Tochter EUR 500.000,00 geschenkt und diese Schenkung weder in Deutschland noch in Österreich angezeigt.

Sowohl das österreichische als auch das deutsche Schenkungssteuerrecht knüpft bei der Abgabepflicht von Schenkungen am inländischen Wohnsitz an. Österreich und Deutschland haben kein Doppelbesteuerungsabkommen für Schenkungssteuer abgeschlossen. Nunmehr wird bei B sowohl in Deutschland als auch in Österreich die Schenkungssteuer nacherhoben und in Deutschland und in Österreich ein Finanzstrafverfahren eingeleitet.

Lösung:

Sowohl nationales österreichisches Strafrecht als auch EU-Recht (Schengener Durchführungsübereinkommen) sehen das Verbot vor, im Hinblick auf ein und dieselbe Straftat steuerrechtlich mehrfach verfolgt zu werden („ne bis in idem"). Im gegenständlichen Fall besteht die Straftat in Deutschland und Österreich in unterschiedlichen Lebenssachverhalten: die Abgabenhinterziehung wird begangen durch Nichtabgabe einer entsprechenden Schenkungssteuererklärung in Deutschland bzw Österreich. Es liegen daher insoweit zwei unterschiedliche Lebenssachverhalte vor, die auch gesondert geahndet werden können.

Diese eher formalistische an der nationalen Erklärungspflicht anknüpfende Betrachtungsweise übersieht allerdings, dass der österreichische und deutsche Steuertatbestand durch ein und denselben Lebenssachverhalt, nämlich Vornahme einer Schenkung in Deutschland, anknüpft.

Die Rechtsprechung wird weisen, ob eine mehrfache Ahndung in Frage kommt.

10 Verdeckte Gewinnausschüttung und Abgabenhinterziehung

10.1 Grundfall

GF ist geschäftsführender Gesellschafter der X GmbH und hat wesentliche Umsätze auf eigene Rechnung „schwarz" erzielt.

Lösung:

Indem GF Umsätze der Gesellschaft direkt auf eigene Rechnung erzielt hat und dadurch der Gewinn der Gesellschaft geschmälert wurde, liegt eine verdeckte Gewinnausschüttung vor. Diese auf Rechnung des GF erwirtschafteten Umsätze sind in einem ersten Schritt gewinnerhöhend der X GmbH zuzurechnen und in einem zweiten Schritt als eine an GF zugewendete verdeckte Ausschüttung zu qualifizieren.

Durch die Zurechnung der Umsätze an die X GmbH kommt es zu einer entsprechenden Erhöhung der USt- und KSt-Bemessungsgrundlage. Die Gewinnverwendung (verdeckte Ausschüttung an GF) unterliegt dem KESt-Abzug (je nach dem wer die Steuer trägt – nämlich der Empfänger oder die Gesellschaft –, beträgt die KESt 25% bzw 33%). Die kumulierte Abgabenverkürzung an KSt, USt und KESt beträgt rund 74% bzw 66%.

Zur Strafbemessung vgl B.I.19.

10.2 Abgrenzung verdeckte Gewinnausschüttung bloße Vollzugsfehler

GF ist Gesellschafter-Geschäftsführer der X GmbH. GF hat von seiner Gesellschaft ein Haus gemietet und dafür einen unverhältnismäßig niedrigen Mietzins entrichtet. Im Zuge einer Außenprüfung wird dies vom Betriebsprüfer gerügt; GF bringt dagegen vor, dass er sich um eine fremdübliche Mietbemessung bemüht habe und dabei einem Fehler unterlegen sei.

Lösung:

Kann der Fehler glaubhaft vorgebracht werden, liegt schon abgabenrechtlich keine verdeckte Ausschüttung vor, weil es am subjektiven Element der verdeckten Ausschüttung (Vorteilszuwendungsabsicht) mangelt. Es ist somit nur auf Ebene der Kapitalgesellschaft, in Höhe der Differenz zwischen fremdüblichem Mietzins und verrechnetem Mietzins, eine Gewinnerhöhung vorzunehmen. Dieser Betrag ist als Forderung an den Gesellschafter einzustellen.

Eine KESt-pflichtige Ausschüttung ist nicht zu unterstellen.

Eine Abgabenhinterziehung liegt nicht vor, weil es am Hinterziehungsvorsatz mangelt. Zur strafrechtlichen Relevanz des Irrtums vgl B.I.12.

10.3 Verdeckte Gewinnausschüttung und Konzernverrechnungspreise

Die österreichische Produktions GmbH X verfügt über eine Schweizer Vertriebs GmbH Y, die im Kanton Zug ansässig ist. Diese Vertriebsgesellschaft unterliegt einer minimalen Ertragsbesteuerung.

Der Verrechnungspreis zwischen österreichischer Produktionsgesellschaft und Schweizer Vertriebsgesellschaft wird in fremdunüblicherweise sehr niedrig zu Lasten der österreichischen Produktionsgesellschaft festgelegt, sodass erhöhte Gewinne in der Schweizer Vertriebsgesellschaft anfallen und die österreichische Besteuerungsgrundlage der X GmbH ausgehöhlt wird.

Lösung:

Die Gewinne der beiden Gesellschaften unterliegen einem wesentlich unterschiedlichem Steuerniveau. Aufgrund des niedrigen Steuerniveaus bei der Schweizer Vertriebsgesellschaft liegt eine grundsätzlich verdächtige Verrechnungspreisgestaltung vor, die eine vorsätzliche Gewinnkürzung bei der österreichischen Gesellschaft indiziert. Sofern kein bloßer Vollzugsfehler vorliegt (siehe B.II.10.2), der Verrechnungspreis wesentlich über der zulässigen Bandbreite liegt und auch keine sonstigen Gründe vorliegen, die vorsätzliches Handeln ausschließen, wird Abgabenhinterziehung angenommen werden.

Liegt der Sitz der Vertriebsgesellschaft in einem Staat mit gleichem oder höherem Steuerniveau wie Österreich, so stellt dies ein erhebliches Indiz gegen den Hinterziehungsvorsatz dar, weil die Inkaufnahme eines strafrechtlichen Risikos ohne abgabensparenden Effekt widersinnig erschiene und somit derartige Gewinnverschiebungen vielfach auf strafrechtlich relevanten Irrtümern beruhen werden.

10.4 Verdeckte Gewinnausschüttung und Verrechnungspreise/pauschale Konzernumlagen

Die in der Schweiz ansässige Holdinggesellschaft X AG verrechnet an die österreichische Tochtergesellschaft eine pauschale Konzernumlage iHv 5% des Umsatzes der österreichischen Tochtergesellschaft. Diese Konzernumlage soll die Kosten der Aufsichtsratstätigkeit bei der Muttergesellschaft, die Beteiligungsverwaltung und das Konzernberichtswesen (Konsolidierung) abgelten. Im Zuge einer Außenprüfung wendet der Prüfer ein, dass es sich dabei um sogenannte „shareholder actvities" handelt, die nicht im betrieblichen Interesse der Tochtergesellschaft stehen und daher bei der Tochtergesellschaft nicht abzugsfähig sind.

Lösung:
Eine rechtswidrige Abgabenverkürzung ist eingetreten. In diesem Fall wird noch zu klären sein, ob auch ein entsprechender Hinterziehungsvorsatz vorliegt. Dieser könnte uU durch einen Irrtum ausgeschlossen sein (zur Relevanz des Irrtums vgl B.I.12).

11 Abgabenhinterziehung und Verlustvortrag

Die X GmbH hat jahrelang Verluste erlitten und verfügt über Verlustvorträge von EUR 1 Mio. Im darauf folgenden Jahr 2005 wird ein Gewinn von EUR 500.000,00 erzielt, der jedoch dadurch zu niedrig ausgewiesen wird, dass wesentliche Aufwendungen der Lebensführung im Ausmaß von EUR 100.000,00 als gewinnmindernd erfasst werden.

Lösung:
Durch Aufnahme der die Lebensführung betreffenden Aufwendungen in die KSt-Erklärung für 2005 wird eine Offenlegungspflicht verletzt. Allerdings tritt dadurch keine Abgabenverkürzung ein, weil der bestehende Verlustvortrag ohnehin die Vorschreibung von KSt verhindert hätte.

Eine Abgabenhinterziehung wird allerdings dann vollendet, sobald die Verlustvorträge aufgebraucht sind und damit die zu niedrig erklärten Einkünfte Verkürzungen herbeiführen.

HINTERZIEHUNG SPEZIFISCHER STEUERN III

1 Jahresumsatzsteuer und Umsatzsteuervorauszahlungen

1.1 Zusammentreffen von Jahresumsatzsteuerverkürzung und Vorauszahlungshinterziehung

Der Unternehmer U hat nach Eröffnung seines Einzelunternehmens im März 2005 keine USt-Voranmeldungen und in der Folge auch keine Jahressteuererklärung innerhalb der gesetzlichen Frist abgegeben. Die Tat wird im Juli 2006 entdeckt.

Lösung:

Einen entsprechenden Tatvorsatz vorausgesetzt hat U sowohl monatliche (bzw quartalsmäßige) USt-VZ-Hinterziehungen, als auch die entsprechende USt-Jahreshinterziehung, begangen

Nach hA ist in diesem Fall nur die Jahreshinterziehung 2005 zu ahnden; die USt-VZ-Hinterziehungen werden insoweit verdrängt.

Für die folgenden Monate 2006 sind die monatlichen (bzw quartalsmäßigen) Vorauszahlungshinterziehungen zu ahnden.

1.2 Wissentliche Verkürzung bei Vorauszahlungshinterziehung

Der Antiquitätenhändler A gibt den Zahlschein mit der von ihm korrekt ermittelten USt-Zahllast für Jänner 2005 rechtzeitig vor Fälligkeit seiner Hausbank zwecks Abbuchung vom Firmenkonto. Er weiß zwar, dass das Konto nicht gedeckt ist, rechnet aber mit dem Eingang von bereits fälligen

Kundenforderungen, sodass er davon ausgeht, dass die Überweisung zeitgerecht durchgeführt werden wird.

Erst nach dem Fälligkeitstag erfährt er, dass die Bank die Überweisung mangels Deckung nicht durchgeführt hat. Daraufhin beschließt er, die Meldung und Zahlung an das Finanzamt so lange hinauszuzögern, bis wieder genug liquide Mittel zur Verfügung stehen.

Lösung:

USt-VZ-Hinterziehung ist nur strafbar, wenn die Verkürzung, nicht – wie bei normaler Abgabenhinterziehung – bedingt vorsätzlich, sondern nur wenn sie wissentlich erfolgt. Dh der Täter muss nicht nur die Möglichkeit des Erfolgseintritts erkennen, sondern wissen, dass der Erfolg eintreten wird. Dies ist im konkreten Fall nicht gegeben.

Kann im konkreten Fall lediglich bedingter Vorsatz nachgewiesen werden (billigend in Kauf nehmen und sich damit abfinden), käme eine Bestrafung wegen einer Finanzordnungswidrigkeit in Betracht, die bis zur Hälfte des Verkürzungsbetrages geahndet werden kann.

Ist bloß Fahrlässigkeit nachweisbar, ist die Vorauszahlungsverkürzung straflos. Lediglich eine fahrlässige Jahresumsatzsteuerverkürzung wäre als fahrlässige Abgabenverkürzung zu ahnden.

1.3 Vollendung der Umsatzsteuervorauszahlungshinterziehung

U, der ein kleines gewerbliches Unternehmen betreibt und aufgrund seines niedrigen Umsatzes (unter EUR 100.000,00 jährlich) nicht verpflicht ist, monatlich Umsatzsteuervoranmeldungen zu erstatten, leistet am 15. des zweitfolgenden Monats jeweils wissentlich keine Vorauszahlung.

Lösung:

Im Fall der Nichtzahlung der USt-VZ sehen die steuerlichen Vorschriften eine in diesem Fall auflebende Erklärungspflicht vor. U hat daher nicht nur verkürzt, sondern auch eine Offenlegungspflicht verletzt, wobei diesbezüglich von der Rechtsprechung eine bedingt vorsätzliche Verletzung der Offenlegungspflicht als ausreichend für die Verwirklichung der USt-VZ-Verkürzung angesehen wird. Die Tat ist bereits durch Nichtzahlung am Fälligkeitstag (Ablauf des 15. des zweitfolgenden Monats) vollendet.

1.4 Gewerbsmäßige Umsatzsteuervorauszahlungshinterziehung

Der gewerbliche Unternehmer U leistet seit Eröffnung seines Unternehmens im Jahr 2005 keine USt-VZ und gibt auch keine Umsatzsteuervoranmeldungen ab.

Lösung:

Die Praxis geht – unter Bezugnahme auf die erläuternden Bemerkungen zur einschlägigen Gesetzesbestimmung – davon aus, dass in diesem Fall trotz fortlaufender Begehung und einschlägiger Absicht keine gewerbsmäßige Hinterziehung vorliegt (zum Gewerbsmäßigkeitsbegriff siehe B.I.21). Dies mit der Begründung, dass bei Hinterziehung im Vorauszahlungsstadium noch keine endgültige Hinterziehung angestrebt wird.

Bei Hinterziehung der Jahresumsatzsteuer mit Wiederholungsabsicht würde regelmäßig gewerbsmäßige Abgabenhinterziehung vorliegen. Zum erhöhten Strafrahmen der gewerbsmäßigen Abgabenhinterziehung vgl B.I.19 und B.I.21.

1.5 Umsatzsteuerhinterziehung mittels Scheinrechnungen

GF, Geschäftsführer der X GmbH, ersucht die Baumarktbetreiberin U, ihm für sein Privathaus eine Sauna sowie Schwimmbadzubehör zu liefern, die Ausgangsrechnung nicht an ihn persönlich, sondern an die X GmbH zu richten und dabei einen in den Unternehmensgegenstand der X GmbH passenden Liefergegenstand auszuweisen (Baumaterial an Stelle Sauna und Schwimmbadzubehör). U willigt ein und stellt die entsprechenden Gefälligkeitsrechnungen an die X GmbH aus.

Die X GmbH verwendet die gegenständlichen Rechnungen zur Geltendmachung des Vorsteuerabzuges.

U storniert in der Folge intern die Gefälligkeitsrechnungen und ersetzt diese im eigenen Rechenwerk durch inhaltlich richtige Rechnungen (betragsmäßig ident mit den Gefälligkeitsrechnungen). Die darin ausgewiesene USt wird von ihr gemeldet und abgeführt.

Im Rahmen einer UVA-Prüfung wird dieser Vorgang aufgedeckt und der X GmbH der einschlägige Vorsteuerabzug versagt. U wird die in den Gefälligkeitsrechnungen ausgewiesene USt vorgeschrieben (Umsatzsteuerschuld kraft Rechnungslegung).

Lösung:

Das UStG sieht vor, dass Umsatzsteuer, die in einer unrichtigen Rechnung ausgewiesen wird, kraft Rechnungsstellung geschuldet wird. Derartige Fälle werden von der Rsp sehr streng gehandhabt. Sowohl auf Seiten des GF als auch bei U kommt es zu einer „doppelten" Verantwortlichkeit.

GF hat als Geschäftsführer der X GmbH zu Unrecht Vorsteuern in Abzug gebracht, diesbezüglich liegt eine Umsatzsteuerhinterziehung vor. Weiters hat er sich durch sein Verlangen auf unrichtige Rechnungsausstellung wohl auch an der Abgabenhinterziehung der U (Nichtabfuhr der Umsatzsteuer aus den Scheinrechnungen) vorsätzlich beteiligt.

U hat sich an der Abgabenhinterziehung des GF (ungerechtfertigter Abzug von Vorsteuerbeträgen) beteiligt und hat andererseits die Abgabenhinterziehung wegen Nichtabfuhr der Umsatzsteuer aus den Scheinrechnungen zu verantworten.

Weiters kommt bei beiden Unternehmen Verbandsverantwortlichkeit für jeweils beide Delikte in Frage (zu den Voraussetzungen der Verbandsverantwortlichkeit ab 1. 1. 2006 siehe B.I.20).

1.6 Umsatzsteuerkarussell

1.6.1 Tatsächliche Lieferung der fakturierten Ware

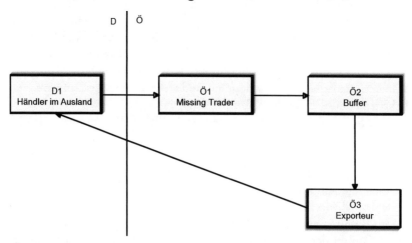

Mehrere Unternehmer vereinbaren, Mobiltelefone über eine bereits von Vornherein vorgegebene Lieferkette sowie zu im Vorhinein vereinbarten Preisen von Deutschland über mehrere Lieferanten in Österreich zurück zum ersten Lieferanten zu liefern. Einer der Lieferanten – der sogenannte „Missing Trader" – soll die anfallende Umsatzsteuer nicht an den Fiskus entrichten, die anderen Unternehmen in der Kette erfüllen deren steuerlichen Pflichten korrekt und werden dazwischen geschaltet, um die Spuren der Waren zu verwischen. Der finanzielle Vorteil dieses geplanten Karussellgeschäftes ergibt sich aus der Nichtabfuhr der geschuldeten Umsatzsteuer durch den Missing Trader. Dieser Betrag wird zwischen den beteiligten Unternehmen aufgeteilt.

Für diese Zwecke liefert ein deutscher Unternehmer (D1) steuerfrei die Mobiltelefone an einen österreichischen Unternehmer (Ö1). Die Besteuerung des innergemeinschaftlichen Erwerbs wird pflichtwidrig von Ö1 unterlassen. Ö1 liefert in der Folge die Mobiltelefone an Ö2 und tätigt dadurch eine Inlandslieferung, für die ordnungsgemäß eine Rechnung mit 20% USt ausgestellt wird. Allerdings wird von Ö1 (Missing Trader) die geschuldete Umsatzsteuer nicht an den Fiskus abgeführt. Ö2 liefert die Mobiltelefone im Anschluss ebenfalls mit 20% USt an den österreichischen Unternehmer (Ö3). Die darauf entfallende USt wird unter Anrechnung der auf den Einkauf entfallenden Vorsteuer ordnungsgemäß von Ö2 abgeführt. Ö3 macht ebenfalls den Vorsteuerabzug geltend und liefert steuerfrei (innergemeinschaftliche Lieferung mit ordnungsgemäßem Buchnachweis) die Mobiltelefone an D1.

Lösung:
Da sich Ö1 mit seinem Erwerb an einem Karussellbetrug vorsätzlich beteiligt, besteht kein Recht auf Vorsteuerabzug. Somit steht der Erwerbsbesteuerung kein korrespondierender Vorsteuerabzug gegenüber, und es kommt hinsichtlich der nicht durchgeführten innergemeinschaftlichen Erwerbsbesteuerung bei Ö1 zu einer Abgabenhinterziehung. Hinsichtlich der nicht abgeführten USt auf die Inlandslieferung an Ö2 macht sich Ö1 ebenfalls einer Abgabenhinterziehung schuldig. Aufgrund der vorsätzlichen Beteiligung am Karussell steht Ö2 und Ö3 kein Vorsteuerabzug zu. Diesbezüglich liegt eine Steuerhinterziehung vor. Weiter liegt eine Beteiligung am Delikt der jeweiligen Geschäftspartner vor. D1 beteiligt sich ebenfalls am Delikt der Geschäftspartner.

1.6.2 Bloße Scheinlieferungen und Scheinrechnungen

In der im Fall B.III.1.6.1 beschriebenen Unternehmerkette werden jeweils Rechnungen gelegt, ohne die in der Rechnung angeführten Waren tatsächlich zu liefern. Ö1 kommt seinen umsatzsteuerlichen Verpflichtungen nicht nach. Ö2 und Ö3 machen jeweils den Vorsteuerabzug geltend, Umsatzsteuer wird von Ö2 abgeführt.

Lösung:

Ö1 schuldet die in der Scheinrechung ausgewiesene USt kraft Rechnungslegung und verwirklicht wegen Nichtabfuhr dieser Umsatzsteuer kraft Rechnungslegung eine Abgabenhinterziehung. Darüber hinaus beteiligt sich Ö1 am Delikt seiner Geschäftspartner. Ö2 nimmt unrechtmäßigerweise den Vorsteuerabzug aus den Scheinrechnungen in Anspruch und verwirklicht dadurch eine Steuerhinterziehung. Da von Ö2 USt in Höhe des in der Rechnung ausgewiesenen Betrages tatsächlich abgeführt wird, kommt es hinsichtlich der aufgrund der Scheinrechnung geschuldeten Umsatzsteuer bei ihm zu keiner weiteren Verkürzung. Ö2 beteiligt sich aber am Delikt seiner Geschäftspartner. Auch Ö3 verwirklicht aufgrund des unrechtmäßigen Vorsteuerabzuges eine Steuerhinterziehung und beteiligt sich darüber hinaus am Delikt seiner Geschäftspartner. D1 macht sich unmittelbar keines Finanzvergehens schuldig, hat sich aber am Delikt seiner Geschäftspartner beteiligt.

1.7 Umsatzsteuervorauszahlungshinterziehung und Selbstanzeige

1.7.1 Berichtigte Umsatzsteuervoranmeldung als Selbstanzeige

Aufgrund laufender Liquiditätsengpässe hat GF als Geschäftsführer der X GmbH die Umsatzsteuervoranmeldungen der X GmbH im Jahr 2005 zu niedrig abgegeben und zu niedrige Vorauszahlungen geleistet. Vor Beginn der Umsatzsteuerprüfung berichtigt er sämtliche unrichtigen Umsatzsteuervoranmeldungen und entrichtet zeigerecht die Vorauszahlungen nach.

Die Umsatzsteuervoranmeldungen werden bloß eingereicht, es erfolgt kein Hinweis für wen die Selbstanzeige erstattet wird.

Lösung:

Die Praxis akzeptiert bei korrigierten Umsatzsteuervoranmeldungen regelmäßig die Aufhebungswirkung auch dann, wenn der – in allen übrigen Fällen essentielle – Hinweis fehlt, für wen die Selbstanzeige strafbefreiende Wirkung entfallen soll. Dem wurde bislang auch von der Rechtsprechung nicht entgegengetreten.

Es besteht ein nicht unerhebliches Risiko, dass die Praxis in Einzelfällen eine strengere Beurteilung vornimmt.

Zur Anforderung der Nennung der Personen für die die Selbstanzeige wirken soll vgl B.I.15.2.

1.7.2 Entrichtungserfordernisse bei Umsatzsteuervorauszahlungen

Unternehmer U hat für März 2006 keine Umsatzsteuervoranmeldungen abgegeben und auch keine Umsatzsteuer bezahlt.

Nunmehr erstattet er Selbstanzeige, in dem er im Juni 2006 eine Voranmeldung für März 2006 einreicht. U rechnet mit Ergehen eines Bescheides für diesen Voranmeldungszeitraum und will dann binnen Monatsfrist nach Ergehen des Bescheides die Voranmeldungsschuld entrichten.

Lösung:

Wurde innerhalb der gesetzlichen Frist keine Umsatzsteuervoranmeldungen erstattet und wird dies durch Einreichung einer Umsatzsteuervoranmeldung nachgereicht, so sehen die Abgabenvorschriften ein Ergehen eines einschlägigen USt-VZ-Bescheides nicht vor. Das hat zur Folge, dass eine für die Strafaufhebung erforderliche Entrichtung der USt-VZ entsprechend den Abgabenvorschriften nur vorliegt, wenn zugleich mit der Einreichung der Selbstanzeige (= Umsatzsteuervoranmeldung) die Einzahlung vorgenommen wird. Im gegebenen Fall ist daher die Entrichtung verspätet, die strafaufhebende Wirkung tritt nicht ein. Die strafaufhebende Wirkung tritt auch dann nicht ein, wenn die Voraussetzungen der Selbstanzeige unverschuldet nicht eingehalten wurden.

2 Lohnsteuerhinterziehung

Der Gewerbetreibende A beschäftigt neben seinen offiziellen Arbeitnehmern auch immer wieder Unterstützungskräfte, die nicht ordnungsgemäß angemeldet werden und für die Lohnsteuer- und Lohnabgaben nicht entrichtet werden. Für diese Dienstnehmer wird auch kein Lohnkonto geführt.

Lösung:

Strafbare LSt-Hinterziehung ist gegeben. Die Verletzung der Offenlegungspflicht besteht aufgrund ausdrücklicher gesetzlicher Bestimmung bei der LSt-Hinterziehung in der nicht ordnungsgemäßen Führung von Lohnkonten. Dies ist bei derartigen „Schwarzlohnzahlungen" regelmäßig der Fall. Für die Verkürzung ist – wie bei der USt-VZ-Hinterziehung – Wissentlichkeit erforderlich, für die Verkürzung der Verpflichtung zur Führung der Lohnkonten lediglich bedingter Vorsatz.

3 Kapitalertragsteuerhinterziehung

GF ist Geschäftsführender Gesellschafter der X GmbH und hat wesentliche Umsätze auf eigene Rechnung „schwarz" erzielt. GF hat in seiner Steuererklärung die verdeckten Ausschüttungen nicht aufgenommen.

Lösung:

Gewinnausschüttungen – auch verdeckte – sind endbesteuert und nicht in die Steuererklärung aufzunehmen. Die Steuerhinterziehung des GF besteht in zu niedrigem Ausweis des Gewinnes und damit der KSt-Bemessungsgrundlage der X GmbH sowie in der Nichtabfuhr der USt auf die „schwarz" erzielten Umsätze und in der Nichtabfuhr der KESt auf die verdeckte Gewinnausschüttung, die in der Vereinnahmung der Schwarzumsätze durch GF besteht. GF ist als Organ der X GmbH im Hinblick auf die KESt abfuhrpflichtig und damit unmittelbarer Täter der KESt-Hinterziehung.

4 Hinterziehung der Erbschafts- und Schenkungssteuer

4.1 Übertragung unversteuerter Depots von Todes wegen oder unter Lebenden

X hat von seinem Vater Y bei dessen Ableben ein unversteuertes Wertpapierdepot in Liechtenstein geerbt. Die Erbschaft wurde insoweit in Österreich nicht gemeldet.

Lösung:

Y ist verstorben und kann nicht mehr bestraft werden. Der Strafanspruch erlischt und geht nicht auf seinen Sohn als Gesamtrechtsnachfolger über.

Die Verpflichtung zur Bezahlung der Einkommensteuer für die bislang nicht erklärten Kapitaleinkünfte geht auf den Sohn über, soweit noch nicht Bemessungsverjährung eingetreten ist.

Durch Nichtanzeige der Erbschaft hat der Erbe eine Erbschaftssteuerhinterziehung bewirkt (Anzeigefrist von 3 Monaten ab Erbanfall), soweit das Vermögen nicht der Veranlagungsendbesteuerung unterliegt und insoweit von der Erbschaftssteuer befreit ist. Nicht entscheidend ist – nach Ansicht des BMF in diesem Fall – ob die Veranlagungsendbesteuerung auch tatsächlich durchgeführt worden ist.

Werden die Kapitaleinkünfte aus dem Depot nachfolgend von X nicht erklärt, werden jährlich weitere Hinterziehungen an Einkommensteuer begangen.

Durch das abermalige Begehen von laufenden Hinterziehungen kann die Erbschaftssteuerhinterziehung nicht verjähren.

Zur Strafbarkeitsverjährung vgl B.I.16.1

5 EU-Quellensteuer

Der in Deutschland ansässige deutsche Staatsbürger D hat rechtzeitig vor Inkrafttreten der EG-Zinsenbesteuerung und dem damit verbundenen Informationssystem der Banken an die Finanzbehörden sein bislang in Deutschland unversteuertes Wertpapierdepot von Deutschland nach Österreich transferiert. Österreich konnte bei Einführung der EU-Zinsenbesteuerung einen Sonderstatus beibehalten darf das Bankgeheimnis wahren und ist nicht verpflichtet am Informationssystem mitzuwirken.

Die österreichischen Banken trifft damit keine Informationspflicht an Finanzbehörden anderer EG-Staaten. Vielmehr hat Österreich eine Abzugsteuer von derzeit 15% in den Folgejahren ansteigend einzubehalten und 75% davon an den Wohnsitzstaat des jeweiligen Anlegers abzuführen.

D akzeptiert diesen Quellensteuerabzug. Die depotführende Bank darf daher keine Informationen an die deutsche Finanzverwaltung übermitteln; D erklärt die Kapitaleinkünfte in Deutschland weiterhin nicht.

Lösung:

Die in Österreich von den Kapitaleinkünften einzubehaltende 15% Quellensteuer hat keine Endbesteuerungswirkung der Einkünfte in Deutschland. D verwirklicht daher durch Nichterklärung dieser Kapitaleinkünfte in Deutschland eine Steuerhinterziehung.

STICHWORTVERZEICHNIS

Abgabenhinterziehung 17 ff
- Beteiligung 32, 110 ff
- durch Abzug von Schmiergeldern 141 ff
- durch einen Ausländer 101 ff
- durch erschlichene Nachsicht 98
- durch Nichtbenennung der Empfänger 141 f
- durch Unterlassen 92 f
- durch Verletzung der Nachweispflicht 142
- gewerbsmäßige 130 ff
- örtlicher Geltungsbereich 29, 101 ff
- sachlicher Geltungsbereich 28, 99 f
- subjektive Anforderungen 30
- Tun 91
- Verantwortlichkeit des Unternehmens 129 f
- verfahrensmäßige Aspekte 132 f
- versuchte 109
- Vollendung 109 f
- vorsätzliche 105
- zeitlicher Geltungsbereich 29, 104
- Zusammentreffen von mehreren 124 ff

Abgabepflichtiger
- steuerlich erfasster 92 f
- steuerlich nicht erfasster 93
Abgabenverkürzung siehe Abgabenhinterziehung
Absprachen 133 ff
Angehörigenvereinbarung 142
Anzeigepflicht 99
Auslieferung 102 f

Bemessungsverjährung 123 f
Beraterauswahl 76
Berichtigungsanzeige 94 ff
Berichtigungspflicht
- bei Erkennen vor Ergehen des Bescheides 95 ff
- bei unrichtigem Steuerbescheid 96
- des Fahrlässigkeitstäters 95
- des Neugeschäftsführers 97
- des Vorsatztäters 94 f
Beschleunigung 79
Beteiligung 32, 110 ff
- durch Gefälligkeiten 112
- fahrlässige 111
- psychische 112
- vorsätzliche 110 f
Betriebseröffnungsanzeige 109
Betriebsprüfung 70 f

Stichwortverzeichnis

Betrug 125 ff
– außerhalb des Geltungs-
  bereiches des FinStrG 125 f
– des Nichtunternehmers 125
Betrügerische Krida 127
Beweismittel
– bei Vorerhebungen der
  Finanzstrafbehörde 43 ff
– im gerichtlichen Ermittlungs-
  verfahren 49 ff
Beweismittelfälschung 127
Bilanzdelikte 126
Briefkastengesellschaft 145
Buchnachweis 143 f

Deal 79
Doppelbestrafung 148

Einspruch gegen Strafverfügung
  137
Erbschaftssteuer 160
Erkenntnisverfahren 52 ff
Ermittlungsverfahren 40 ff
– im gerichtlichen Finanz-
  strafverfahren 46 ff
– im verwaltungsbehördlichen
  Finanzstrafverfahren 40 ff
EU-Quellensteuer 161

Fallprüfungsschema 25
Fahndungsmethoden 132
Fahrlässigkeit 107
Finanzstrafverfahren 36 ff
– Anlässe 37 ff
– gegen Verbände 59 f
– Grundzüge 36 ff

– Zuständigkeit 39 ff
Fortsetzungszwang 73 ff

Geldwäscherei 131
Gestaltungsmöglichkeiten 146
Gewerbsmäßigkeit 130 ff
Günstigkeitsvergleich 104 f

Hauptverhandlung 53 ff
Hausdurchsuchung
– Checkliste 61 ff
– Verhalten bei 60 ff
Honorar 76

Interventionen 81 f
Irrtum 30, 113 f
– Glaubwürdigkeit 114
– Schutzbehauptung 114
– unverschuldeter 113 f
– verschuldeter 113 f

Jahresumsatzsteuer 153 ff
Jahressteuererklärung
– unrichtige 91
– verspätete Abgabe 91 f
Juristische Person
– als Verantwortlicher 101
– zur Offenlegung verpflichtet
  101

Kapitalertragssteuerhinterziehung
  160
Kommunalsteuer 100
Konfrontation 76 ff
Kontrollsystem 69

Stichwortverzeichnis

Konzernverrechnungspreise 150
Koordination der Verteidigung 82
Kooperation 76 ff

Lauschangriff 132
LSt 21, 159 f

mündliche Verhandlung 135

Nachweispflicht 142
ne bis in idem 148
Nichtbenennung der Empfänger 140 f
Nichtentrichtung
– bloße 98
– der Kommunalsteuer 100
Notstand, entschuldigender 114 f

Oasengesellschaft 145
Offenlegungspflicht 99
– verpflichtete Person 100
– vorsätzliche Verletzung 106

pauschale Konzernumlage 150
Pflichten 18 ff

Rasterfahndung 132
Rechnung
– Aufforderung zur Leistung ohne 113

– mangelhafte 144
Rechtsmittelverfahren 56 ff
– im gerichtlichen Finanzstrafverfahren 57 f
– im verwaltungsbehördlichen Finanzstrafverfahren 56 f
Rechtzeitigkeit der Selbstanzeige 119 ff
– Außenprüfung 122
– Medienberichte 120
– Reichweite von Verfolgungshandlungen 119 f
– Tatentdeckung 120 f
– Verfolgungshandlungen 119
– Verfolgungshandlungen gegen Beteiligte 120
Risiken 72 f
– nicht voraussehbar 72
– voraussehbar 72 f
Risikobewältigung 75 ff

Schätzungsmethoden 139 ff
Scheingeschäft 144 f
Schenkungssteuer 160
Schmiergeld 141 f
Selbstanzeige 33, 116 ff
– an die richtige Behörde 118
– durch berichtigte Steuererklärung 116
– Rechtzeitigkeit 119 ff
– Täternennung 117
– Teilwirkung 117
– Umsatzsteuervorauszahlungshinterziehung 158 f
– Verjährung 112 f
– Selbstbelastung 147

Stichwortverzeichnis

Steuererklärung
– Verletzung der Verpflichtung zur Abgabe 97
– Selbstanzeige durch berichtigte 116
Steuerhinterziehung siehe Abgabenhinterziehung
Strafaufhebung 33
Strafbarkeitsverjährung 123 f
Strafbarkeit von Unternehmen 35 f
Strafbemessung 127 ff
– bei gerichtlicher Zuständigkeit 128 f
– bei Zuständigkeit des Einzelbeamten 127 f
– bei Zuständigkeit des Spruchsenats 128
Straftat
– des Entscheidungsträgers 129
– des Mitarbeiters 130
Strafverfügung 137
Strafwürdigkeit, mangelnde 32, 115 f
– Bagatelle 115
– bloße Ordnungsverstöße 116
– bloße Verzögerung 115 f
Strafbemessung 127 ff
Stundung 98

Tatentdeckung 120
Telefonüberwachung 132

Umkehr 73 ff
Umsatzsteuerkarussell 156 ff
Umsatzsteuervoranmeldung 158

Umsatzsteuervorauszahlung 153 ff
– Entrichtungserfordernisse 159
– gewerbsmäßige Hinterziehung 155
– Hinterziehung 20 f, 153 ff, 158
– Hinterziehung mittels Scheinrechnungen 155 f
Unbescholtenheit 82 ff
Unterlassen 28, 92 ff
– der Berichtigungsanzeige 94 f
– der Gebührenanzeige 99
– Gleichwertigkeit 94
Untreue 126

Verantwortlichkeit des Unternehmers 129 f
Verbrechensaufbau siehe Fallprüfungsschema
Verdeckte Gewinnausschüttung 149
Vereinfachtes Verfahren 136 f
Verfolgungshandlung 119
Vergleich 133 ff
Verhandlung, mündliche 52 f
Verjährung der Strafbarkeit 33 f, 123 f
Verlustvortrag 151
Verrechnungspreise 150
Versuch 31, 108 ff
Verzögerung 79
Vollendung 31, 108 ff
Vorbereitung 31, 108 ff
Vorsatz 105 ff
– Abgrenzung zur Fahrlässigkeit 107 ff

– Höhe 107
– Zeitpunkt 106 f
Vorsteuerabzug 144

Wahrheitspflicht 99
Werbecharakter 143

Zahlungserleichterung 118
Zusammenrechnung 124 f
　– für Zwecke der Strafrahmenbildung 124
　– für Zwecke der Zuständigkeitsermittlung 125 f

Zusammentreffen strafbarer Handlungen 34 ff, 125 ff
Zuständigkeit 39 ff
　– Einzelbeamter 132
　– gerichtliche 39, 132 f
　– Spruchsenat 132
　– verwaltungsbehördliche 39 f
Zwangsmittel 49 ff
　– im gerichtlichen Finanzstrafverfahren 51 f
　– im verwaltungsbehördlichen Finanzstrafverfahren 49 f

H. Fuchs (Hg.)

Gesetzbuch Steuerrecht

7. Auflage, Stand: 1. 1. 2008

ca. 950 Seiten, broschiert, 978-3-7046-5178-5, € 12,–, Abopreis € 9,60

Gesetze und Richtlinien zu einem Sensationspreis

Das „Gesetzbuch Steuerrecht" beinhaltet die wesentlichen Steuergesetze und Verordnungen mit Stand 15. 2. 2006 unter Berücksichtigung des **Hochwasseropferentschädigungs- und Wiederaufbau- Gesetzes 2005** (HWG 2005), des **Abgabenänderungsgesetzes 2005** (AbgÄG 2005) und des **Handelsrechts-Änderungsgesetzes** (Ha-RÄG). Auf der beiliegenden **CD-ROM** befinden sich neben den aktuellen und **historischen Gesetzesfassungen** auch die EStR 2000, LStR 2002, UStR, 2000, KStR 2001, UmgrStR 2002 und StiftR 2001.

MMag. DDr. Hubert W. Fuchs ist selbständiger Steuerberater bei HÜBNER & HÜBNER Wirtschaftsprüfung und Steuerberatung Gesellschaft m.b.H. in Wien.

Tel.: 01- 610 77 - 315, Fax: - 589
order@verlagoesterreich.at
www.verlagoesterreich.at